Le Manuel du Pêcheur Inventif

Fabriquer son Matériel de A à Z

La Fabrication Maison pour la Pêche en Mer et en Eau Douce : Pêche Au Coup, Spinning, Light Rock Fishing et Tenkara

–

Construisons ensemble Cannes à Pêche, Flotteurs et Leurres Artificiels

Lelio Zeloni

Copyright © 2024 Lelio Zeloni

Tous Droits Réservés

ISBN: 978-1-80361-370-3

Couverture: Carlotta Zeloni

Édition originale: Décembre 2023 : «Il Manuale della Pesca Fai Da Te: L'Autocostruzione per la Pesca in Mare e in Acqua Dolce per Canna Fissa, Spinning, Light Rock Fishing e Tenkara – Costruiamo insieme Canne da Pesca, Galleggianti ed Esche Artificiali»

L'Auteur :

Lelio Zeloni est né à Prato le 8 août 1953. Depuis qu'il est adolescent, il a deux passions, la peinture et la pêche. Au fil des ans, il a pratiqué le moulinet, la pêche à la mouche, le tenkara et, bien sûr, sa technique préférée, la pêche au pain. Ces expériences avec différentes techniques, l'ont aidé à devenir le pêcheur expert qu'il est aujourd'hui.

leliopesca.com

Youtube: Lelio Pesca
Instagram: Lelio Pesca
Facebook: Lelio Pesca

En aucun cas, l'auteur ne pourra être tenu pour responsable des dommages, réparations ou pertes monétaires dus aux informations contenues dans ce livre. Directement ou indirectement.

Les reproductions effectuées à des fins professionnelles, économiques ou commerciales ou pour des utilisations autres que personnelles ne peuvent être faites qu'après autorisation spécifique délivrée par l'auteur.

TABLE DES MATIÈRES

Préface..

Introduction...13

1. Les Origines de Ma Pêche..........................17

    Observation..18

    Passion..24

    Le pêcheur sur la rivière........................26

    La première canne à pêche...................28

2. Les Cannes à Pêche....................................37

    La Canne Fixe...39

        Conseils pour la récolte des cannes en bambou..........41

        Commençons à fabriquer la canne fixe........................46

        Construction du manche en bambou............................52

        Comment monter le cordon au sommet de la canne....54

        Les différentes actions de la canne................................57

        Différents types d'emboîtement....................................60

    La Canne pour le Spinning.....................61

La fabrication de la canne à lancer..............65

La poignée..............69

Anneaux de guidage de ligne..............71

La Canne pour le Light Rock Fishing..............78

3. Les Flotteurs..............83

Les Flotteurs Effilés..............86

Les Flotteurs en Forme de Poire ou de Goutte Inversée....89

Les Flotteurs Sphériques..............91

Flotteurs et Techniques Variées..............93

Flotteurs Coulissants..............94

Flotteurs pour la Pêche à l'Anglaise..............95

Flotteurs Plombés..............97

Flotteurs Lumineux..............97

Fabrication de Flotteurs..............99

Le Flotteur Classique..............101

La coloration..............106

Conclusion..............106

Le Flotteur Coulissant..............107

Le Flotteur à l'Anglaise..110

Le Flotteur Plombé...115

Comment fabriquer des lignes pour vos flotteurs faits maison..120

Comment plomber les flotteurs que vous avez construits...121

Comment préparer un bon montage de ligne............125

Le choix des appâts...128

L'appât philosophal...135

4. Les Leurres Artificiels..141

La Cuiller Tournante..143

La Cuiller Ondulante..150

Le Minnow (Poisson Nageur)..157

5. La Pêche à la Mouche Artificielle..............................171

Les Mouches Artificielles...179

La mouche sèche..179

La mouche noyée...181

La pêche à la nymphe..184

6. Fabrication des Mouches Artificielles.......................189

- La Larve 19
- Le Spyder 19
- La Mouche Kebari 19

Conclusion 20

Préface

Chers amis pêcheurs et passionnés du "Fait Maison", bienvenue à bord dans cette nouvelle aventure passionnante de mon père "Le Manuel du Pêcheur Inventif", une œuvre qui célèbre la fabrication maison dans le monde de la pêche, explorant les défis et les joies de créer son propre équipement pour la pêche en mer et en eau douce.

Ce guide complet vous mènera à travers un voyage stimulant, alliant la passion pour la pêche à l'art créatif de la construction d'équipements personnalisés.

Ce que mon père m'a fait comprendre, c'est que la pêche est bien plus qu'un simple passe-temps récréatif ; c'est un lien profond avec la nature, un défi stimulant et une forme d'expression individuelle.

Voilà, "Le Manuel du Pêcheur Inventif" est conçu pour ceux qui désirent approfondir cette connexion, en explorant le monde fascinant de la fabrication d'équipements sur mesure pour répondre à leurs besoins spécifiques et pour créer quelque chose d'unique, afin de rendre l'expérience de la partie de pêche encore plus excitante.

Mais ce manuel n'est pas seulement un guide pratique, c'est une clé qui ouvre les portes à un univers de créativité, de connaissance, de défis intellectuels et de gratifications personnelles.

La satisfaction personnelle de voir le fruit de son propre travail, de la courbe d'une canne faite à la main au scintillement d'un leurre artisanal, est sans pareille ! Cette expérience est confirmée par la passion de mon père lorsqu'il pêche avec ses créations. Le plaisir résultant de la capture d'un poisson avec du matériel fabriqué soi-même est incomparable !

Et que dire de l'entraînement mental ? Chaque page est une invitation à développer vos compétences cognitives, transformant la construction de cannes, de flotteurs et de leurres artificiels en un processus de pensée créative qui vous guide à travers la conception, la sélection des matériaux et l'ajustement selon vos besoins. L'apprentissage continu est le moteur de ce voyage, puisque vous découvrirez comment la fabrication maison stimule non seulement l'esprit, mais contribue également à votre renforcement cérébral, améliorant ainsi la neuroplasticité du cerveau et le maintenant jeune et flexible. Au-delà de fournir des instructions pratiques détaillées, l'objectif de ce livre est de vous inspirer à explorer l'immense monde de la pêche "fait maison", où chaque projet devient une opportunité d'auto-découverte et de développement personnel.

Mais la construction de votre équipement ne stimulera pas seulement votre esprit de manières nouvelles et excitantes, elle fera de vous des pêcheurs plus compétents, plus conscients de vos outils et de leur utilisation, elle vous aidera à comprendre la fonctionnalité de votre matériel. Tout cela contribuera grandement à votre succès dans la pêche.

Les bénéfices de ce manuel vont bien au-delà, car en

plus d'offrir une économie financière juteuse et la possibilité de personnaliser son équipement, la pêche "fait maison" revêt une importance accrue en matière de durabilité environnementale. La capacité de réutiliser des matériaux et de créer des équipements durables, aide à diminuer l'impact sur l'environnement, faisant de la pêche une manifestation d'amour et de respect pour la nature que nous aimons tant.

Pour conclure, je voudrais vous inviter à regarder au-delà des pages de ce livre. Je crois que ce manuel peut devenir une porte d'entrée vers une communauté d'enthousiastes partageant le même amour pour la pêche et le "fait maison" ; pourquoi dis-je cela ? Parce que je vous imagine déjà partager vos créations, idées, défis et succès avec d'autres amateurs de pêche dans les groupes "Amis de Sampei" sur Facebook et Telegram, je sais que vous vous inspirerez mutuellement et que vous tisserez de belles amitiés.

Après tout, la magie de la pêche ne réside pas seulement dans les eaux que fréquentent vos lignes, mais aussi dans les relations et les liens qui se forment avec ceux qui partagent la même passion, êtes -vous d'accord ?

Vous êtes sur le point d'apprendre à construire des cannes à pêche sur mesure, des flotteurs artisanaux et des leurres artificiels qui reflètent votre vision unique de la pêche. Il ne me reste plus qu'à vous souhaiter mes meilleurs vœux, que votre parcours à travers ces pages soit une expérience enrichissante, et que les connexions que vous allez créer vous apportent une joie durable.

Doct. Edoardo Zeloni Magelli

Introduction

Je pense que chacun de nous cultive inconsciemment des passions. Dans le rythme quotidien, nous sommes tellement pressés que nous ne prêtons pas beaucoup d'attention à ce que notre cœur nous suggère.

Je me souviens que dès l'adolescence, j'aimais beaucoup observer la nature et les petits cours d'eau, les ruisseaux et tout l'écosystème qui les entourait.

Il m'a fallu du temps pour comprendre qu'une magnifique passion était en train de naître en moi, et qui m'accompagnerait toute ma vie. Cette passion, mes amis, n'est autre que la pêche.

Au cours de mon parcours de pêcheur, j'ai souvent changé d'équipements et d'accessoires. J'aimais beaucoup entrer dans les magasins de chasse et de pêche pour faire des achats selon mes besoins. Parfois, je parvenais à dénicher l'équipement nécessaire, mais il m'arrivait aussi de repartir les mains vides, quelle que soit ma déception.

Pour résoudre ce problème, j'envisageais souvent cette solution : fabriquer moi-même les choses que je ne parvenais pas à trouver.

Durant ma scolarité, je me consacrais avec passion à une matière qui s'appelait "Applications Techniques".

Cette matière nous enseignait l'utilité des divers outils de travail et leur mode d'emploi. Nous exécutions également des travaux pratiques en utilisant le bois et d'autres matériaux.

Naturellement, ce que nous réalisions à l'école n'a rien à voir avec ce qui concerne la pêche, mais puisque j'avais appris à utiliser certains outils et matériaux, j'ai décidé d'essayer de fabriquer quelques accessoires pour la pêche.

Plein d'enthousiasme, je me suis lancé dans la création. Mais en examinant mes premières réalisations, je constatai qu'elles étaient quelque peu rudimentaires. Il est vrai que la première fois que l'on crée quelque chose, l'expérience nous fait défaut. Quand il a fallu utiliser mes réalisations, j'ai manifesté une certaine réticence. Mais étant donné que c'était mon œuvre, il semblait logique de les tester. Ainsi, je pourrais évaluer leur fonctionnalité ou envisager des modifications. Je parlais notamment de flotteurs en liège et de cannes en bambou.

Maintenant, tout faire moi-même est devenu une passion dévorante, c'est plus fort que moi, je ne peux plus m'en passer. C'est pourquoi, chers amis, j'ai décidé d'écrire ce manuel sur la pêche "fait maison" pour partager avec vous toute cette passion et mon expérience dans le "fait maison".

Les réalisations que je vais vous présenter seront simples, très fonctionnelles et accessibles à tous. Chacun d'entre vous, en suivant les conseils donnés dans ce livre, réussira à créer ce dont il a besoin pour pêcher.

Arrivé à ce stade, je ne peux que vous souhaiter une bonne lecture et de réussir dans vos créations.

Bonne chance les gars !

# 1.

Les Origines de Ma Pêche

Qu'est-ce-que la pêche ? A cette question, je souhaite répondre simplement ainsi : observation, passion, créativité, imagination et philosophie.

Je pense l'avoir cultivée inconsciemment depuis l'adolescence, la fenêtre de ma petite chambre donnait sur un petit ruisseau en contrebas. Quand je me penchais à la fenêtre, j'observais le lent écoulement de ses eaux silencieuses, animées par de petits poissons et des grenouilles. Je connaissais par cœur tous ces petits obstacles naturels que l'eau rencontrait sur son chemin. Même si c'était la même fenêtre et le même paysage, pour moi, c'était toujours un spectacle à voir, et je continuer à l'observer comme si c'était la première fois.

Observation

A quelques dizaines de mètres de ma maison, ce petit cours d'eau se jetait dans un torrent plus important, qui, dans mes souvenirs d'adolescent, me semblait être une grande rivière.

La maison de mes parents était située à l'entrée d'un petit groupe de maisons, accessible depuis la route principale par un petit chemin. Sur le côté droit de ce chemin, il y avait de nombreuses plantes et haies qui servaient de protection naturelle contre les chutes éventuelles dans l'eau.

En continuant, on traversait ce groupe de maisons que les personnes plus âgées résidant ici avaient surnommé "Il Casone".

Les beaux jours ensoleillés, je prenais plaisir à marcher le long de cette allée en terre battue, bordée de haies très luxuriantes, qui menait au point précis où les deux cours d'eau se rejoignaient. Vous pouvez imaginer ma curiosité, la première chose que je faisais était de regarder si dans l'eau je voyais quelque signe de vie, comme des poissons et des grenouilles. C'était une joie d'observer les petits têtards nageant tranquillement là où l'eau était plus calme, près d'une petite cascade. Je pouvais aussi apercevoir des petits poissons et je ne faisais jamais de mouvements brusques pendant mon observation. Cette attitude ne les mettait pas en danger, je me contentais simplement de les observer.

A l'époque, je ne réalisais pas que cette observation minutieuse développerait en moi ce qu'on appelle couramment le sens de l'eau.

En scrutant le même cours d'eau au cours des saisons, je pouvais constater les différents changements de chacune d'entre elles.

Pendant les mois d'hiver, je ne voyais aucun signe de vie dans ces eaux, les poissons et les grenouilles disparaissaient, sur les rives, il n'y avait que des plantes et des branches mortes, aucune fleur n'ornait le paysage, aucun insecte ne volait ! Inutile de dire que ce tableau qui se présentait à moi suscitait une certaine mélancolie.

Je devais attendre les beaux jours du printemps pour voir le réveil de la nature. C'était une joyeuse symphonie d'entendre le chant des oiseaux, de revoir les différents insectes aquatiques et terrestres, les premiers beaux papillons aux couleurs chatoyantes, et toute la nature qui se réveillait lentement après une longue léthargie. Les arbres se paraient de feuilles d'un vert éclatant, exprimant la vie dans toute sa splendeur rayonnante. Tout cela me procurait une grande joie.

Même dans l'eau, je pouvais apercevoir les premiers signes de vie, les premiers têtards qui deviendraient des grenouilles, les petits poissons qui grandiraient rapidement. Agrippés sur les pierres des rives, on pouvait distinguer les premiers lézards, avec un peu de chance je verrais les orvets verts aux magnifiques couleurs éclatantes et peut-être une couleuvre d'eau qui se glisserait en pensant être inaperçue.

Il me semblait évident de comparer cela à l'été qui nous offrait des eaux plus basses mais plus chaudes, des poissons devenus adultes nageant en toute sécurité et tranquillité. Dans l'air, je voyais une multitude d'insectes, des papillons de toutes sortes et de nombreux oiseaux. C'était l'apothéose de la belle saison. En observant les différents arbres fruitiers qui se trouvaient par hasard près des rives, je remarquais que les fruits, désormais à maturité, en particulier les figues et les mûres, tombant dans l'eau attiraient les omniprésents chevesnes, les invitant à un festin gourmand.

Pendant les heures les plus chaudes et en plein soleil, les poissons stationnaient sous la végétation à l'ombre et au frais, pour ressortir en fin d'après-midi ou au crépuscule, lorsqu'ils se jetaient frénétiquement sur les abondantes éclosions d'insectes. Ces observations faites au fil du temps m'ont aidé à apprendre plus facilement une technique très fascinante : la pêche à la mouche artificielle.

Dans les années 80, j'ai suivi un cours de pêche à la mouche, et depuis lors, j'ai complètement changé ma vision de la pêche. J'ai réalisé que ce qui compte le plus n'est pas dans le type de poisson que nous attrapons, mais plutôt la manière dont nous pratiquons. Grâce à cette formation, j'ai appris le respect de la nature et des poissons. Depuis, j'ai toujours adopté la pêche en "catch and release (attraper et relâcher)".

A l'automne, lorsque les températures sont encore très douces, les insectes sont encore présents, offrant encore quelques bonnes opportunités de pêche à la mouche sèche. Cependant, vers la fin de l'automne, lorsque le temps devient plus froid, il est conseillé de pêcher en utilisant la mouche noyée pour augmenter les chances de succès.

Avec l'arrivée des premières pluies d'automne, le long des rives sujettes aux glissements de terrain, nous pouvons observer une abondance d'insectes, de larves et de vers traînés dans l'eau, créant ainsi une source naturelle de nourriture pour les poissons. Pour les passionnées de pêche à l'aide d'appâts naturels, c'est le moment idéal pour utiliser le ver de terre, car il est très efficace pour capturer une grande variété de poissons. Le ver de terre est, dans ces conditions, une option imbattable qui peut réserver d'agréables surprises.

Pour moi, il était essentiel de comprendre comment les différentes saisons influençaient le comportement des poissons. J'ai appris à observer quand ils étaient en surface, à mi-profondeur ou au fond, en fonction des jours et des températures.

J'étais également passionné par l'étude des endroits où les poisons se réfugiaient, des obstacles naturels, des courants et par l'apprentissage des différentes espèces de poissons présentes dans ma zone de pêche.

Il est essentiel d'adopter la bonne approche pour capturer les différents types de poissons, en faisant la distinction entre les prédateurs, les poissons de fond tels que les carpes, les poissons-chats et les tanches, et les autres espèces présentes dans les divers lieux de pêche. De plus, il est important d'utiliser son esprit logique, qui fournira des conseils utiles, et de ne pas oublier que l'expérience est un "enseignant" inestimable.

C'est là le véritable secret qui permettra de comprendre ce qu'est la pêche. Lorsque des moments d'échec inévitables surviennent, il ne faut pas se décourager ; ils peuvent aussi nous enseigner quelque chose. Il est important de réfléchir attentivement à ce qui n'a pas fonctionné et de chercher la réponse en nous-mêmes, en mémorisant la raison de cette conséquence. De cette manière, vous serez préparés en cas de situation similaire à l'avenir, car il y a toujours une explication logique à découvrir.

En réponse à la question initiale "qu'est-ce-que la pêche ?", voici la première réponse : l'observation ! Sans cette observation minutieuse, mais surtout la curiosité, je n'aurais jamais réussi à comprendre comment la vie se déroule dans les eaux.

Passion

Avec une passion toujours croissante pour le merveilleux monde aquatique, je désirais percer le mystère de la cachette des poissons lorsque tout danger approchait. L'occasion idéale se présentait pendant l'été, quand je passais des après-midis entiers à me baigner dans les petites cascades et les trous plus profonds de notre ruisseau, en compagnie de mes amis.

Dès que nous entrions dans l'eau pour nous baigner, les poissons s'éloignaient immédiatement, sa réfugiant dans les coins cachés sous la rive, que le courant avait lentement creusés avec son flux incessant.

Inconsciemment, je ressentais un sentiment de culpabilité, car je savais que c'était nous qui envahissions leur territoire, et s'ils fuyaient, c'était de ma faute et de celle de mes amis. Dans mon souvenir de jeune garçon sensible, j'aurais aimé m'excuser de les avoir dérangés, et avec timidité, je glissais mes mains dans leurs petits refuges, presque pour les rassurer qu'ils n'eussent rien à craindre. Alors que nous marchions constamment sur le fond du torrent, notre présence avait rendu l'eau très trouble et boueuse. Je ne pouvais plus voir les poissons mais je pouvais les sentir.

En gardant mes mains immobiles dans leurs refuges, je pouvais ressentir leur léger contact quand ils les effleuraient timidement. Sans faire de mouvements brusques, les poissons restaient tranquillement près de mes mains, les frôlant à plusieurs reprises.

C'était une situation merveilleuse d'avoir enfin réussi à établir un contact avec les habitants du petit torrent sans leur causer de mal.

Ces souvenirs étaient les plus précieux de l'été : se

baigner dans les torrents et contempler la beauté de la nature.

Le pêcheur sur la rivière

En pédalant à bicyclette le long des rives des cours d'eau en compagnie d'amis, il nous arrivait souvent de rencontrer un pêcheur occupé à sa tâche sur la berge de la rivière. D'un commun accord, on s'arrêtait, et on l'observait, totalement fascinés.

Nous étions tellement enthousiastes qu'il était impossible de détourner notre regard ; il semblait que chacun de ses gestes nous avait hypnotisés. Nous restions silencieux, attentifs à chacun de ses mouvements. De temps en temps, il appâtait son hameçon, mais on ne pouvait voir ce qu'il utilisait comme appât. Souvent, il parvenait à attraper de beaux poissons, qu'il conservait à l'intérieur d'une citrouille vide pour les maintenir frais.

Dans notre imagination simple mais créative d'enfant, nous rêvions souvent de posséder une canne à pêche. Malgré de nombreuses demandes adressées à nos parents, il semblait que nous ne puissions jamais l'obtenir. Cependant, j'avais un ami dont le père était pêcheur, et après avoir longtemps insisté, il nous a enseigné les premières notions rudimentaires de pêche.

Posséder une canne à pêche était devenu notre rêve obsessionnel. Les images de ce pêcheur revenaient souvent à l'esprit, alimentant encore davantage notre désir de l'acquérir. Malheureusement, les magasins d'équipements de chasse et de pêche étaient éloignés de notre région et représentaient un problème pour nous les garçons. Notre seule solution semblait être d'essayer d'en fabriquer une nous-mêmes en utilisant les tiges que nous trouvions le long des rives des canaux.

Dès que nous nous sommes approchés du canneto, nous avons commencé à examiner attentivement les roseaux, cherchant à identifier ceux qui correspondraient le mieux à nos besoins. Cependant, nous avons rapidement compris, qu'à vélo, il était impossible d'emporter ces roseaux, bien trop longs. Nous avons donc envisagé de les couper en deux ou trois morceaux pour les rendre plus facilement transportables. Mais après une longue réflexion, nous avons réalisé que les assembler serait une tâche difficile, et c'est avec un profond regret que nous avons immédiatement abandonné cette idée.

La première canne à pêche

La maison de mes parents possédait également un morceau de terrain, divisé en deux parties. La première moitié était un magnifique jardin regorgeant de fleurs, la passion préférée de ma mère était de les cultiver. L'autre moitié du terrain abritait différents arbres fruitiers et une variété de légumes, tels que des tomates, des courgettes, des haricots et des salades. Quant à mon père, son hobby principal était s'occuper du potager.

Comprendre le monde des plantes potagères me procurait beaucoup de plaisir. Quand les fruits étaient mûrs, je ne pouvais pas résister à l'envie d'en cueillir quelques-uns à déguster, en particulier des prunes et des abricots.

Dans le potager de notre voisin, il y avait un vieux

noyer, certaines de ses branches s'étendaient dans notre jardin. Quand les noix étaient mûres, elles tombaient dans notre terrain. J'attendais avec impatience ce moment, car j'adorais les casser avec un marteau et les manger.

A l'intérieur du potager, il y avait aussi un banc, et j'aimais m'asseoir là pour observer tout autour. Je regardais les rames faites avec des roseaux que mon père avait fixées aux plants de tomates pour les aider à pousser. Sur ces rames, on pouvait souvent apercevoir les cigales, qui avec leur chant caractéristique presque assourdissant, symbolisaient l'arrivée de l'été. Les cigales, le chaud soleil, les légumes et les fruits mûrs sont tous de bons souvenirs de l'été.

Je veux vous raconter ce qui m'a poussé, inconsciemment, à observer attentivement la rangée de tomates et surtout les rames plantées dans le sol. C'est à ce moment-là que j'ai réalisé pour la première fois que ces roseaux pouvaient servir à mon projet, c'est-à-dire à la fabrication de la canne à pêche tant désirée. Ils étaient d'un jaune ocre et avaient une forme conique, pas très longs, mais pour moi, c'était parfait. Alors, j'ai immédiatement demandé à mon père s'il en avait d'autres disponibles.

Mon père conservait un ensemble de ces rames près de la remise pour le potager. Il en prit deux, une avec un diamètre plus grand et l'autre avec un diamètre plus petit. Il coupa en deux le premier roseau pour le mettre à la bonne longueur et fit de même avec le deuxième. En insérant la pièce plus mince dans l'autre, j'ai remarqué qu'elles s'emboîtaient parfaitement, j'avais enfin une canne en deux parties. Je ne me souviens pas de ses dimensions, mais dans mon imagination d'adolescent, c'était la canne la plus extraordinaire du monde.

Je passais beaucoup de temps dans le jardin avec cette canne à la main, même si je n'avais ni flotteur, ni ligne, ni hameçon. Grâce à mon imagination, je simulais des sessions de pêche en agitant la canne comme si je pêchais réellement. Je faisais des lancers fictifs et je parvenais toujours à imaginer attraper de nombreux poissons. C'est vrai, pour s'amuser, il ne fallait pas grand-chose, et ce principe philosophique m'a toujours accompagné tout au long de ma vie.

A mes 14 ans, face à ma passion constante pour la pêche et aux demandes incessantes, mon père m'a finalement offert ma première véritable canne à pêche. Elle s'appelait "La Fiorentina" et était composée de quatre segments à emboîter, adaptée pour la pêche en eau douce et d'une longueur totale de 6 mètres. Dans les petits ruisseaux, je pouvais n'utiliser que deux segments, la réduisant à une canne de 3 mètres, mais avec trois segments, elle atteignait 4,5 mètres. J'étais extrêmement satisfait car j'avais une canne adaptée à de nombreux types de spots. C'était une canne magique.

Au fur et à mesure de mes parties de pêche, mes besoins de posséder un équipement plus moderne, pratique et fonctionnel augmentaient. C'est pourquoi je fis l'acquisition d'une canne télescopique en fibre de verre, qui prenait peu de place et donc, beaucoup plus aisée à transporter. Je pense que cela est arrivé à beaucoup d'entre vous d'acheter de nouvelles cannes, que ce soit une question de goût ou pour corriger un mauvais achat. De plus, lorsque vos amis se vantaient d'avoir une meilleure canne que la vôtre, vous ne vouliez certainement pas vous sentir inférieur, et c'est alors que vous décidiez de vous en procurer une nouvelle.

A mesure que je continuais à explorer divers lieux de pêche, je réalisais que les cannes fixes avaient leur limite : je ne pouvais pas lancer l'appât très loin. Pour atteindre les zones où j'apercevais les bancs de poissons, j'avais besoin d'une canne équipée d'un moulinet. Et donc, j'ai acheté une autre canne. Finalement, je me retrouvais complètement plongé dans l'engrenage de la surconsommation et je n'arrivais plus à m'arrêter. J'allais pêcher avec des amis au bord de la plage et donc, j'ai également acheté une canne pour la pêche de fond, le classique "lancino" comme nous l'appelions en Toscane. J'avais encore besoin d'une canne plus longue, et une plus légère en carbone, ça n'en finissait plus. Ma passion pour la pêche me poussait toujours à chercher quelque chose de nouveau.

Avec le temps, tu ressens le besoin d'apprendre de nouvelles techniques de pêche et tu en restes enchanté. Alors, tu décides de les mettre en pratique. Et que fais-tu ? Tu achètes une autre canne pour le spinning. Et puis, tu continues avec une canne pour la pêche à la mouche, convaincu que ce serait la dernière acquisition et la dernière technique à tester.

Puis un beau jour, tu te poses et observes toutes les cannes que tu as accumulées, et là, tu te dis :

"Comment ai-je pu acheter toutes ces cannes. Pourquoi ?"

Tu commences alors à réfléchir...une canne n'est plus utilisée car tu ne fréquentes plus cette rivière, une autre est trop lourde et fatigue trop ton bras, en plus d'être passée de mode, une autre encore est trop rigide et ne te procure aucun plaisir dans le combat avec le poisson, et ainsi de suite...Je pourrais continuer encore longtemps mais je m'arrête ici.

Tu observes chaque recoin de ton placard, mais tu ne parviens plus à retrouver cette première canne qui t'avait fait rêver, celle qui avait fait battre ton cœur, la seule qui avait su t'émouvoir.

Je ne parle pas de celle que mon père m'avait fabriquée, mais de la "Fiorentina", cette canne en quatre parties à emboîter pour la pêche en eau douce. Avec l'achat de nouvelles cannes, la première devenait obsolète, plus personne n'utilisait ce matériel à emboîtement, elles étaient désormais inconfortables et je me serais senti hors de propos en continuant à pêcher avec l'une d'elles. Alors, j'ai décidé de m'en débarrasser, car de toute façon, je ne m'en servais plus et je me disais : "elle est trop encombrante."

Il existe un dicton qui dit : " le premier amour ne s'oublie jamais", et cela ne se limite pas seulement aux premières passions de l'adolescence, mais s'applique également aux objets matériels qui nous ont procuré des émotions. Tu aimerais revenir en arrière et changer les choses, mais malheureusement, cela n'est pas possible. Donc, tu éprouves des regrets et décides de tout abandonner pour repartir à zéro.

Tu ranges toutes tes cannes pendant une longue période et ressens le besoin d'en fabriquer une nouvelle, à l'instar de ce que tu faisais dans ta jeunesse. Tu veux vérifier si tu peux éprouver les mêmes émotions. La passion pour la pêche a été la principale raison de l'acquisition de toutes ces cannes, et en fin de compte, la deuxième réponse à la question "qu'est-ce-que la pêche" – la pêche, c'est la passion ! Pour un pêcheur, la construction de sa propre canne procure une immense satisfaction. Chacun la façonne selon sa créativité, son goût et son imagination, et c'est une autre réponse à la question initiale – la pêche c'est la créativité !

Cette partie initiale du manuel devrait vous avoir fait comprendre à quel point il est important de connaître le monde aquatique grâce à une observation minutieuse. Faites-le aussi, cela vous aidera à développer le sens de l'eau. Le fameux "sens de l'eau" est la capacité à repérer la position des poissons afin de pouvoir lancer nos leurres, qu'ils soient artificiels ou naturels. Cette aptitude s'acquiert par l'expérience et l'observation constante lors de toutes nos sessions de pêche.

Tout ce que je vous ai décrit m'a été d'une grande aide, cela m'a permis de pêcher avec succès même dans des endroits que je ne connaissais pas. Il me suffisait d'observer les refuges potentiels, le cours de l'eau et les obstacles naturels, pour comprendre où se cachait le poisson.

Le véritable pêcheur ne se distingue pas par l'équipement coûteux qu'il possède, mais par tout ce qu'il a appris et mis en pratique au cours de ses expériences de pêche. C'est le véritable secret qui rendra votre pêche efficace. Le coût de votre équipement importera peu, car ce qui intéresse le poisson, c'est simplement l'appât. Retenez précieusement cette leçon !

2.

Les Cannes à Pêche

Chers amis, je désire inaugurer cette section consacrée à la fabrication du matériel de pêche en commençant par la canne. Pour faire une canne à pêche de qualité, il est essentiel de bien comprendre le type de canne que nous avons l'intention de construire.

Les options sont nombreuses : nous pouvons opter pour une canne fixe, une canne pour la pêche tenkara, une pour la technique "valsesienne", une pour la pêche au lancer (spinning) ou une canne pour la pêche légère en "rock fishing". Le choix dépendra uniquement de nous et de notre projet de fabrication.

Pour réaliser ces cannes, nous utiliserons

uniquement des matériaux facilement disponibles dans la nature. En particulier, nous prendrons le roseau ou le bambou. On pourra facilement en voir près des ruisseaux ou dans les campagnes environnantes. Si vous faites preuve d'attention lors de vos explorations dans ces zones, vous ne devriez pas avoir de difficultés à en trouver.

Le choix du matériau dépend en grande partie du type de canne que nous voulons construire et des caractéristiques spécifiques que nous voulons lui donner. Les deux éléments offrent des avantages uniques : le roseau est connu pour sa polyvalence, tandis que le bambou est apprécié pour sa légèreté, sa solidité et sa réceptivité. Par conséquent, avant de vous lancer, il est important d'avoir une idée claire de votre objectif et de vos préférences.

Les bons matériaux réunis, nous aurons l'opportunité de créer des cannes personnalisées, adaptées à nos besoins spécifiques. Ce processus nous permettra non seulement d'économiser de l'argent sur l'achat d'équipement préfabriqué, mais il nous offrira également une connexion plus profonde avec notre matériel de pêche, car nous aurons réalisé chaque détail de manière personnelle. De plus, en apprenant à construire nos propres cannes, nous pourrons les adapter aux défis spécifiques que nous rencontrons lors de la pêche et constamment améliorer nos compétences en matière de fabrication.

Alors, préparez-vous à vous immerger dans ce monde fascinant de la construction de cannes à pêche, en commençant par une solide compréhension de vos besoins et des matériaux à votre disposition. Dans un avenir proche, vous serez en mesure de confectionner des équipements personnalisés qui viendront enrichir votre expérience de pêche d'une manière que vous n'auriez jamais osé rêver.

La Canne Fixe

Avant de poursuive avec la construction d'une canne fixe (canne au coup), la technique la plus simple et fondamentale de toutes, je tiens à souligner à quel point il est important pour un pêcheur de débuter son expérience de pêche avec ce type d'équipement. La dénomination "canne fixe" découle du fait qu'elle ne requiert pas l'utilisation d'un moulinet. Ce type de canne permet au pêcheur de se consacrer pleinement à l'observation de l'eau sans être distrait par des techniques plus complexes. Au cours de cette phase initiale, le pêcheur a l'opportunité d'étudier attentivement les habitudes des poissons, leurs emplacements, leurs façons de s'alimenter et les aspects particuliers de leurs comportements.

Nul risque de s'ennuyer pendant ce processus, car l'analyse de la vie aquatique et des caractéristiques des cours d'eau constituera la clé du succès lors des futures sessions de pêche.

Étant donné que la canne fixe est le seul outil à disposition pour contrer la résistance des poissons de grande taille, le pêcheur doit compter uniquement sur sa force physique. Ainsi, son bras devient un élément fondamental dans la lutte avec le poisson, et devient un instrument de combat authentique.

La construction d'une ligne pour la canne fixe est

considérablement plus simple que pour d'autres techniques de pêche. Le pêcheur n'a besoin que d'un fil de nylon, d'un flotteur, de plombs de différentes tailles et d'hameçons de diverses dimensions. En l'absence de moulinet ou de pièces mécaniques supplémentaires susceptibles d'influencer la résistance du nylon, le pêcheur débutant avec une canne fixe a l'opportunité d'apprendre correctement les caractéristiques des fils de nylon, y compris du seuil de rupture, et surtout, de se familiariser avec l'action de l'indicateur de touche.

Le scion, situé sur la partie supérieure de la canne, doit être flexible et assurer une bonne prise, en amortissant convenablement les fuites du poisson.

Après cette vue d'ensemble, nous pouvons maintenant revenir à l'exposé sur la construction d'une canne fixe.

Conseils pour la récolte des cannes en bambou

Naturellement, si nous devons construire nos propres cannes, il faudra d'abord aller récolter notre bambou. Le moment idéal se trouve pendant l'hiver, lorsque la sève est au repos. Il est conseillé de choisir un nombre considérable de tiges puisque nous aurons besoin de plusieurs d'entre elles pour sélectionner celles ayant le diamètre adéquat. Il sera donc nécessaire d'avoir à notre disposition une grande quantité pour détecter celles avec le diamètre correct, permettant de s'ajuster parfaitement lorsque nous les assemblerons.

Il est crucial de considérer le risque d'endommagement ou de détérioration des bambous durant leur transformation, ce qui nécessite d'avoir un stock important pour pallier toute perte éventuelle.

Un bambou est prêt à être récolté lorsqu'il atteint une hauteur minimale de quatre mètres. Il est préférable de choisir des éléments droits et coniques, car cela facilitera le processus ultérieur de sélection et de redressement.

Après la coupe, les bambous doivent être transporter à la maison. En voiture, vous devrez les couper davantage, donc définissez soigneusement les mesures avant de procéder à la coupe.

Une fois à la maison, il est nécessaire de faire sécher les bambous dans un endroit sec, lumineux et si possible chaud. Cela influera sur le temps de séchage, qui varie selon les conditions climatiques de votre région. Au printemps, vous pouvez les mettre à l'extérieur pendant les beaux jours, mais évitez de les exposer directement au soleil d'été car la chaleur excessive pourrait les endommager.

Le séchage peut durer plusieurs mois, voire un an, selon les circonstances. Une fois que le bambou se sera teinté en jaune ocre, il sera prêt pour l'étape suivante du traitement.

Pour redresser la canne, il faut une source de chaleur appropriée, comme un réchaud à gaz, un barbecue ou quelque chose de semblable. Veillez à ne pas exposer la canne directement à la flamme afin d'éviter tout dommage. Il est recommandé de porter des gants durant cette manipulation pour éviter les brûlures.

Observez attentivement les pièces pendant que vous les chauffez ; si vous remarquez qu'elles se courbent vers la gauche, vous devez exercer une force adéquate pour les redresser vers la droite.

Continuez à les chauffer jusqu'à ce qu'elles soient complètement droites.

Avant de débuter la fabrication de votre canne, il est crucial de disposer d'un schéma précis qui spécifie la technique d'utilisation envisagée, ainsi que la longueur souhaitée. En fonction de ces éléments, vous serez en mesure de choisir les segments de bambou ou de roseau adéquats. Pour capturer des proies de petite taille, privilégiez des segments plus fins. A l'inverse, pour des proies plus conséquentes, sélectionnez ceux présentant un diamètre plus large.

Les règles fondamentales pour la construction restent toujours les mêmes : le diamètre du segment que nous tenons en main doit être supérieur à celui du segment suivant qui sera emboîté. Ce principe s'applique à tous les éléments de la canne jusqu'au dernier, que l'on nomme "scion". Cette partie doit être fine et flexible pour fatiguer efficacement le poisson et absorber ses tentatives de fuite.

Pour la fabrication, en plus du bambou, nous pouvons utiliser la "canne de Provence" celle qui pousse au bord des fossés. Ce type de roseau permettra une construction similaire à celle d'une canne "valsesienne", avec les deux premiers segments fabriqués en canne de Provence et le dernier, le scion, réalisé en bambou, plus fin, plus flexible et résistant.

Les qualités fondamentales d'une canne performante englobent la solidité, la légèreté, la souplesse et l'équilibre. La résistance est capitale, car on peut se trouver face à des poissons de taille importante, susceptibles de compromettre l'intégrité de la canne si elle n'est pas assez robuste. La légèreté est essentielle pour prévenir la fatigue du bras durant des sessions de pêche prolongées. La souplesse joue un rôle crucial également, car elle amortit les échappées du poisson, permettant ainsi un combat plus contrôlé sans casser le fil, à l'opposé d'une canne rigide qui risquerait de produire l'effet inverse.

Chaque segment de la canne doit être en parfaite harmonie avec les autres, une caractéristique qui se révèle lors de la prise en main. La portion située derrière la main du pêcheur doit contrebalancer idéalement le reste de la canne qui se projette vers l'avant. Si, après avoir achevé la construction, vous jugez que votre canne ne remplit pas ces exigences, n'hésitez pas à procéder à des ajustements en remplaçant les segments qui le nécessitent.

Commençons à fabriquer la canne fixe

Commencez par prendre les éléments en bambou que vous avez collectés et qui sont prêts à être traités. Si cela n'a pas encore été fait, éliminez avec précaution les pousses et les feuilles latérales émergeant de chaque nœud sur la canne. Plus tard, nous aurons la possibilité de choisir entre polir ces excroissances avec du papier abrasif pour un fini lisse, ou les conserver afin de laisser au bambou un look plus authentique.

Maintenant, nous allons fabriquer une canne de 3 mètres, constituée de trois segments de bambou.

Nous partons du principe que vous avez réuni divers morceaux de tailles et diamètres différents, comme mentionné précédemment. Maintenant, nous devons choisir nos 3 éléments.

Le premier segment doit avoir un diamètre plus grand que le suivant, qui devra s'insérer à l'intérieur du premier. De même pour le troisième, qui devra s'emboîter dans le second.

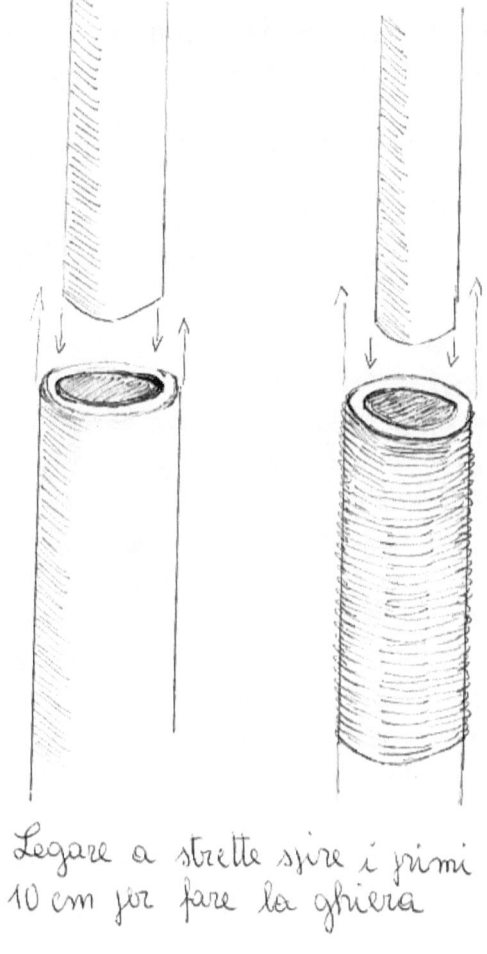

Legare a strette spire i primi 10 cm per fare la ghiera

Fig 1 : *Attacher les dix premiers centimètres avec des spires serrées pour former l'anneau.*

Avant d'insérer le deuxième segment dans le premier, pour éviter les fissures, nous devons absolument attacher les dix premiers centimètres de la canne avec un fil de coton fort en serrant étroitement. De cette manière, ces dix centimètres constitueront un anneau solide et robuste.

Le processus sera le même pour le deuxième segment, dans lequel le scion sera inséré pour qu'il s'ajuste parfaitement.

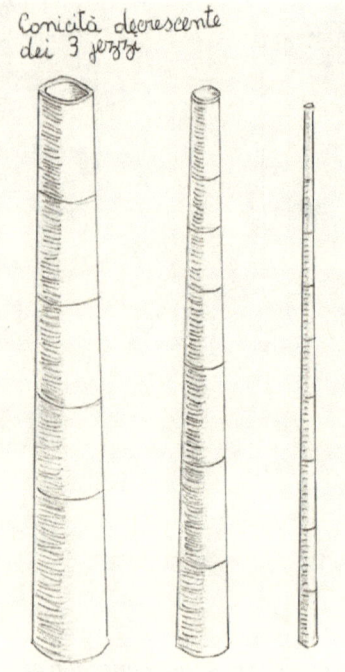

Fig 2 : *Conicité décroissante des 3 segments.*

Ce schéma présente la variation du diamètre entre les trois segments de la canne et sert à montrer comment ce diamètre diminue progressivement depuis la base de la canne jusqu'à l'extrémité du scion.

Cependant, il est important de noter que ce que nous avons collecté ne pourrait pas avoir les dimensions idéales pour nos besoins. Parmi ma récolte de tiges de bambou, j'ai sélectionné la première qui me semblait être la plus grande et appropriée pour la partie initiale de l'assemblage. Ensuite, j'ai choisi la tige intermédiaire et le scion en estimant visuellement qu'ils avaient des circonférences différentes.

Étant donné que ces trois éléments pourraient ne pas avoir la même longueur, nous allons les couper de manière appropriée pour corriger cette différence.

Vous pourriez penser que c'est très simple : si la canne doit mesurer trois mètres, je coupe trois morceaux d'un mètre chacun. Cependant, c'est une erreur courante qui se produit souvent chez les débutants. On ne prend pas en compte le fait qu'une partie des centimètres du segment suivant entrera à l'intérieur des anneaux des deux premiers segments de la canne. Dans les cannes que j'ai construites, j'ai toujours veillé à ce que les sept premiers centimètres du deuxième segment entrent à l'intérieur du premier. De même, j'ai fait en sorte que les sept premiers centimètres du scion entrent dans le deuxième segment. Par conséquent, pour obtenir une canne de trois mètres, les deux premiers segments doivent chacun mesurer 107 centimètres (figure 3), tandis que seul le scion aura une longueur d'un mètre.

N'oubliez jamais qu'avant d'assembler les différents segments, il est essentiel de lier solidement l'extrémité du premier segment et du deuxième avec un fil solide sur une dizaine de centimètres, en effectuant des spires très serrées. Une fois cette opération terminée, il faudra les renforcer avec de la colle vinylique. Prenez un pinceau, plongez-le dans la colle et appliquez-la sur toute la fixation. Ensuite, laissez sécher pendant vingt-quatre heures.

Ce lien autour du segment qui servira de bague vous protégera contre d'éventuelles fissures lorsque vous insérerez l'élément suivant de la canne. De plus, en cas de capture d'un poisson de grande taille, cela préviendra la rupture de la bague elle-même.

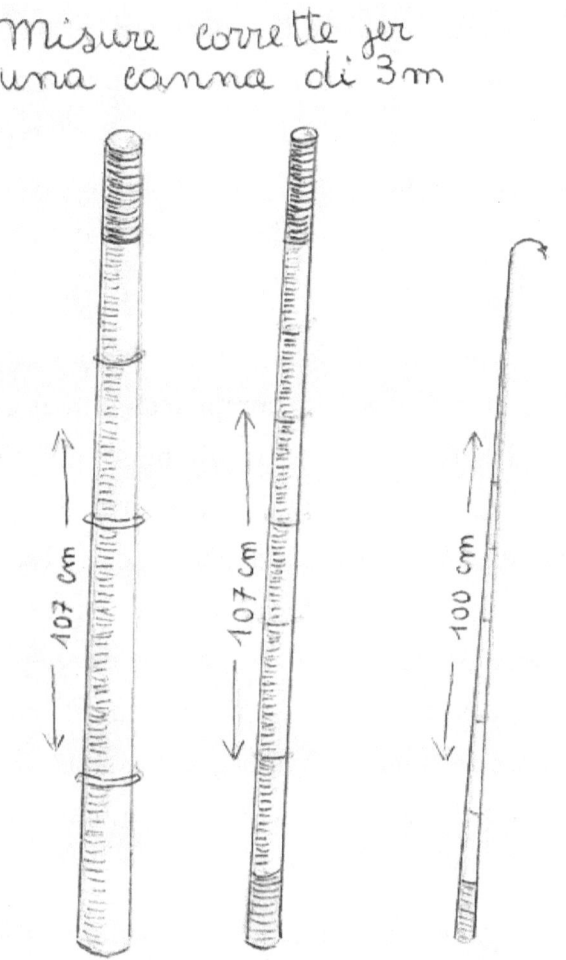

Fig 3 : *Dimensions correctes pour une canne de 3 m.*

Construction du manche en bambou

Pour une touche esthétique supplémentaire, nous pouvons également décider de fabriquer le manche pour notre canne. Si nous choisissons cette option, je souhaite vous présenter une méthode simple et naturelle qui convient à merveille à ce type de canne. Prenez un morceau de bambou ayant un diamètre parfaitement adapté à celui du premier segment.

Ensuite, enlevez les deux nœuds du morceau de bambou afin de le percer complètement d'un côté à l'autre. Insérez ce morceau au bout du premier segment de la canne, en le collant avec de la colle vinylique et en laissant environ 1 cm d'espace à l'intérieur, à l'extrémité. Dans cet espace, nous introduirons ensuite un morceau de liège. Ce dernier peut être fabriqué à partir d'un bouchon de bouteille de vin ou de champagne. Une fois façonné, collez-le à l'intérieur du morceau de bambou qui servira de poignée.

Avec du papier de verre, nous travaillerons sur la surface jusqu'à obtenir la forme désirée, déjà planifiée auparavant. Le bouchon nous permettra de poser la canne au sol en toute sécurité, assurant un impact très doux. Cela sera le début de la poignée de la canne.

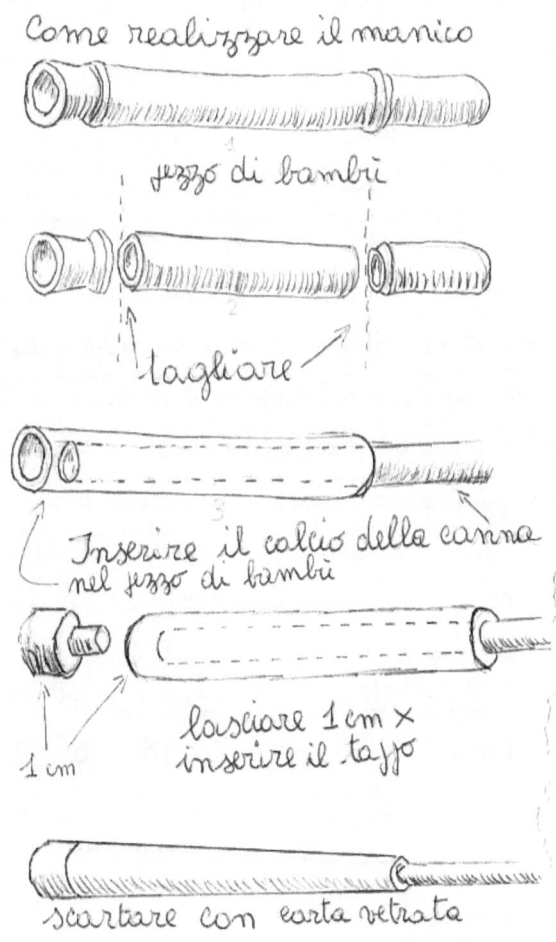

Fig 4 : *Comment réaliser le manche : morceau de bambou ; couper ; insérer l'extrémité de la canne dans le morceau de*

bambou ; laisser 1 cm pour insérer la pièce finale ; poncer avec du papier de verre.

Comment monter le cordon au sommet de la canne

Une fois notre canne terminée, nous devons placer au bout du scion ce petit cordon qui nous permettra de monter facilement toute la ligne.

Nous prenons une petite cordelette tressée en nylon d'environ 20 cm, de la colle à prise rapide, un fil de coton noir solide, ainsi qu'une paire de ciseaux. Sur le plan de travail, nous plaçons l'extrémité du scion et nous y déposons quelques gouttes de colle sur les trois ou quatre derniers centimètres. Ensuite, nous plaçons le bout de notre cordelette au-dessus de la zone où nous avons appliqué la colle. Une fois correctement positionnée, et après que la colle ait séché, nous attachons ces trois ou quatre centimètres du scion à la canne en utilisant du fil de coton solide, et en effectuant des tours serrés. Pour plus de sécurité, nous appliquons à nouveau quelques gouttes de colle sur la ligature.

Sur l'extrémité de la cordelette, nous faisons un

petit nœud et coupons l'excédent. De cette manière, nous aurons créé notre boucle d'accrochage.

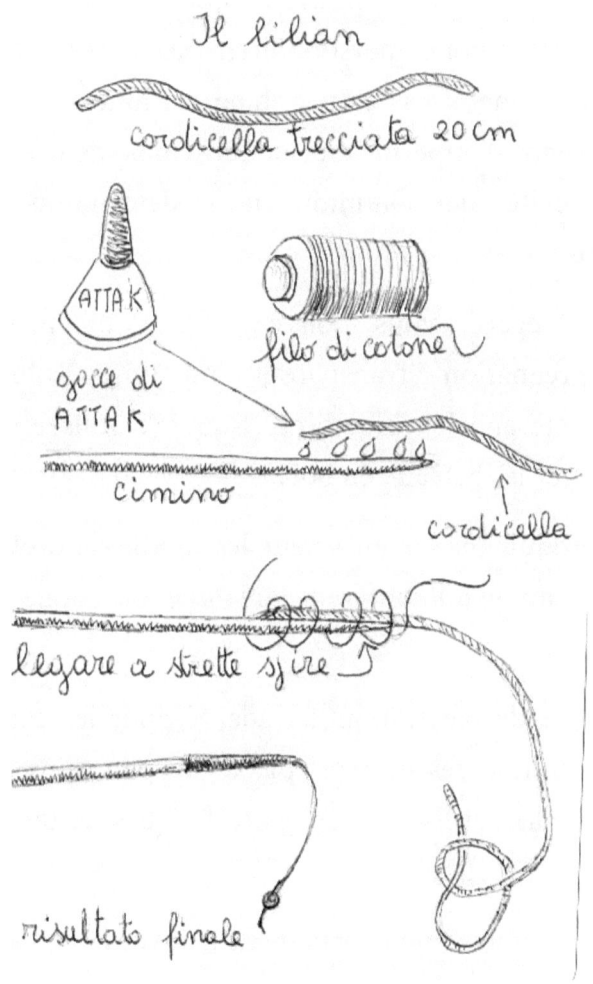

Fig 5 *: La boucle d'accrochage : cordelette tressée 20 cm;*

colle gouttes de colle; fil de coton; scion; cordelette; attacher en faisant des tours serrés; résultat final.

Maintenant, vous pouvez ajouter des détails décoratifs pour personnaliser davantage votre canne. Une fois cette étape terminée, il est important d'imperméabiliser l'ensemble de la canne pour éviter que l'humidité ne la déforme avec le temps.

A cet égard, vous pouvez utiliser un produit d'imprégnation transparent ou une solution courante appelée "floathing", souvent utilisée pour protéger les bateaux en bois.

Ce produit mettra en valeur les motifs naturels de votre canne, lui conférant ainsi une esthétique plus élégante.

Ce type de fabrication est adapté pour les cannes fixes composées de trois pièces ou plus, ainsi que pour celles utilisées avec les techniques de tenkara et de valsesienne.

Si vous pouvez plus facilement trouver de la canne de Provence, comme mentionné précédemment, vous pouvez l'utiliser pour les deux premiers segments sans aucun souci.

Cependant, pour le scion, il est essentiel de le fabriquer en bambou, car ce matériau est beaucoup flexible et résistant.

Les différentes actions de la canne

Les caractéristiques de l'action d'une canne à pêche sont déterminées par différents facteurs, notamment le diamètre, la conicité et la flexibilité de ses composants.

L'action d'une canne se réfère à son comportement pendant la pêche et c'est un aspect crucial à prendre en compte lors du choix du matériel adapté à ses besoins.

Il existe trois principaux types d'action pour les cannes à pêche : l'action de pointe, l'action ventrale et l'action parabolique.

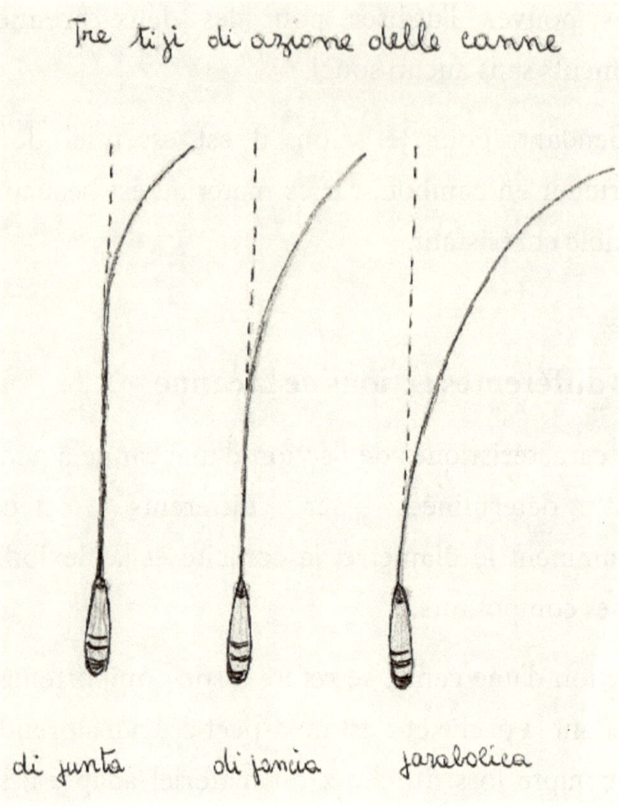

Fig 6 : *Trois types d'actions de la canne : de pointe, ventrale et parabolique.*

Action de Pointe : Quand une canne a une action de pointe, cela signifie que la partie finale de la canne est plus rigide et plus dure que les autres parties. Cela veut dire que la flexion principale se produit dans la partie supérieure de la canne. Ce type de canne est idéal pour des situations où une bonne sensibilité et une grande précision dans la présentation de l'appât sont nécessaires. Par exemple, pour la pêche aux leurres légers ou pour des poissons qui nécessitent une approche délicate.

Action Ventrale : Une canne avec une action ventrale se plie principalement au niveau du centre sous la pression. Cette flexibilité dans la partie centrale permet de lancer des leurres plus lourds et de faire face à des situations qui demandent une puissance supplémentaire pour maîtriser le poisson. Les cannes avec une action ventrale sont donc préférées quand on utilise des leurres plus lourds ou lorsqu'on pêche des spécimens de plus grande taille, car elles peuvent mieux absorber la force des combats avec les poissons.

Action Parabolique : L'action parabolique se produit lorsque toute la canne se courbe en forme de parabole de la pointe jusqu'au talon, qui est la partie finale où se trouve le manche. Ce type de canne offre une combinaison de sensibilité et de puissance, souvent considéré comme le plus polyvalent et amusant à utiliser. Les cannes à action parabolique conviennent à une variété de techniques de pêche et peuvent gérer une large gamme de situations.

Différents types d'emboîtement

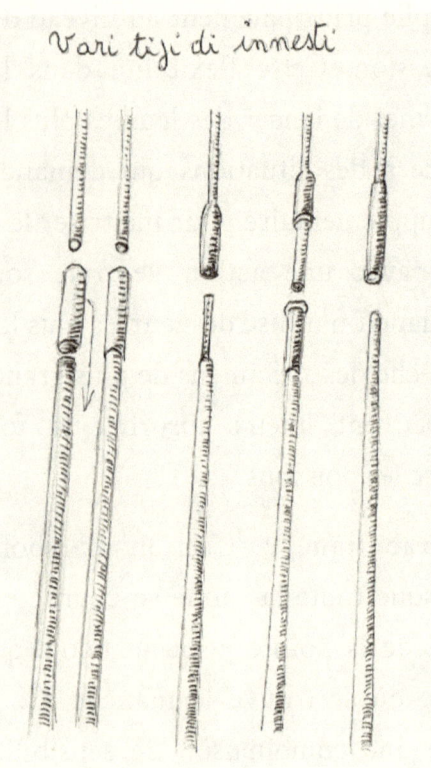

***Fig 7** : Différents types d'emboîtement.*

Jusqu'à présent, je ne vous ai montré qu'un système d'assemblage pour votre canne, car il est décrit comme le plus simple. Je veux vous en faire découvrir d'autres, et vous aurez la possibilité de choisir celui qui vous convient le mieux.

La Canne pour le Spinning

Avant de commencer à construire une canne pour la pêche au lancer, je voudrais vous donner une brève explication de ce qu'est vraiment le "spinning", pour ceux qui ne seraient pas familiers avec cette technique de pêche fascinante.

La traduction littérale du terme "spininng" est "mouvement rotatif ou rotation". Cette définition reflète clairement l'essence de cette technique, qui se distingue par ses deux actions principales : le lancer et la récupération de l'appât.

La pêche au lancer (spinning) implique de se déplacer continuellement le long des rives des ruisseaux ou des rivières, sur les berges et en remontant de petits cours d'eau à la recherche de poissons pour tester notre ingéniosité. Lors de ces excursions, nous sommes en contact direct avec l'environnement et nous pouvons profiter de la vue de paysages pittoresques.

Le spinning n'est pas seulement une technique de pêche, mais également une activité physique en plein air, qui encourage un mode de vie sain et le respect de l'environnement. Chaque moment passé dans cette pratique offre une sensation de tranquillité et de satisfaction intérieure.

Parfois, il peut arriver de ne rien attraper, même si nous avons fait de notre mieux, mais après cette immersion dans la nature nous rentrons chez nous heureux quand même, c'est aussi ça le spinning.

N'importe quel endroit convient pour le lancer, que ce soit un torrent, une rivière ou un lac. Dans chaque spot où nous lançons, il est utile de savoir que la précision est extrêmement importante pour réussir la capture, les longs lancers ne sont pas du tout efficaces.

Il est profitable de réaliser des lancers courts mais précis, en passant notre leurre à proximité des refuges, des rochers, des racines, des arbres et de tous les obstacles naturels où nous pensons que le poisson pourrait se trouver. Une des caractéristiques remarquables de la pêche au lancer est la possibilité d'utiliser une large gamme de leurres artificiels, y compris les cuillers tournantes, les cuillers ondulantes, les imitations de poissons (minnows) et les leurres en plastiques ou en silicone comme les vers, les grenouilles et les larves. Cette technique est particulièrement efficace pour la pêche des prédateurs, tels que les truites, les chevesnes, les achigans à grande bouche, les perches royale et les brochets, ainsi que pour les captures occasionnelles comme cela arrive souvent ; mais ce sont des mystères et la magie de la pêche.

La pêche au lancer peut être pratiquée toute l'année, les prédateurs sont toujours actifs et surtout pendant la période hivernale, ils deviennent encore plus agressifs et affamés.

La taille de la canne la plus recommandée pour la pêche au lancer est d'environ 2 mètres. Cette longueur nous permet de pêcher confortablement dans tous les endroits.

Chaque canne doit être assortie du moulinet approprié, qui doit garantir un poids équilibré et disposer d'un bon taux de récupération. Les cannes mesurant moins de 2 mètres, comme celles de 150 ou 170 cm, sont idéales pour la pêche dans les ruisseaux encaissés.

Le poids des moulinets doit être très léger et posséder une bonne vitesse de récupération. Pour donner un exemple simple : un moulinet ne doit pas dépasser les 210/240 grammes, ce qui est idéal pour une pêche ultralégère avec des cannes jusqu'à deux mètres. Avec des cannes plus longues de 2,15 à 2,30 mètres, le poids du moulinet est recommandé autour de 260 grammes, tandis que pour des cannes de 2,40 à 3 mètres, on utilisera des moulinets pesants entre 270 et 350 grammes.

Naturellement, ce que je vous indique n'est pas une règle absolue en ce qui concerne le choix du moulinet, mais plutôt une ligne directrice générale. Cela reste toujours une question de préférence personnelle.

Dans le passé, j'ai fabriqué des cannes à pêche de différentes tailles, une très courte d'à peine un mètre parfaitement adaptée à la pêche en torrent très encombré et une autre de 2,10 mètres.

Cependant, avec le temps, j'ai réalisé que posséder plusieurs cannes de tailles différentes n'était pas très conseillé.

L'utilisation de la même canne pour chaque espèce de poisson et de type de cours d'eau est ce qu'il y a de plus recommandé, cela permet d'atteindre une fluidité de mouvement ainsi qu'une précision de lancer et une sensibilité parfaite, que nous aurons du mal à obtenir en changeant de canne en permanence.

La fabrication de la canne à lancer

Maintenant, nous allons fabriquer une canne capable de lancer à la fois des poids légers d'environ 2 grammes, mais aussi des poids plus lourds d'environ 10, 15 et même plus.

Notre canne doit avoir une action rapide et puissante si nous envisageons de l'utiliser pour lancer des leurres légers ; dans ce cas, une canne avec une action de pointe est recommandée. Inversement, si nous souhaitons nous servir d'une variété de leurres, il est préférable d'opter pour une canne avec action parabolique. Pour que le transport soit pratique, nous allons construire une canne à lancer en deux éléments emboîtables. Ceux qui ont déjà une expérience dans la conception de cannes fixes seront très avantagés, car le processus de fabrication est similaire. La seule nouveauté est de fixer la plaque porte-moulinet et les anneaux de guidage de ligne.

Comme pour la fabrication de la canne fixe que nous avons vue précédemment, nous couperons les deux morceaux de bambou à la mesure voulue, et ici aussi, la tâche la plus exigeante sera d'insérer le scion dans le premier segment, car son diamètre sera rarement compatible.

Comme nous fabriquons une canne en deux parties, nous ne ferons l'anneau que pour le premier élément. Alors, prenez du fil solide de coton et de la colle vinylique car nous allons procéder de la même manière que pour la canne fixe.

Prenez le premier morceau et enroulez les 10 premiers centimètres avec le fil solide de coton en faisant des spires serrées. Ensuite, quand vous aurez réalisé cette opération, vous badigeonnerez le tout de colle, et laisserez sécher pendant vingt-quatre heures. Cette méthode préviendra tout risque de fissure lors de l'insertion du scion, lequel devra s'emboîter parfaitement dans l'anneau.

Le lendemain, placez la partie de l'anneau dans un étau sans trop serrer pour ne pas l'endommager. Utilisez ensuite une perceuse équipée d'un foret de l'épaisseur correspondant à la base du scion, afin d'agrandir légèrement le trou de l'anneau. Ceci permettra d'introduire de manière précise le second segment de la canne dans le premier.

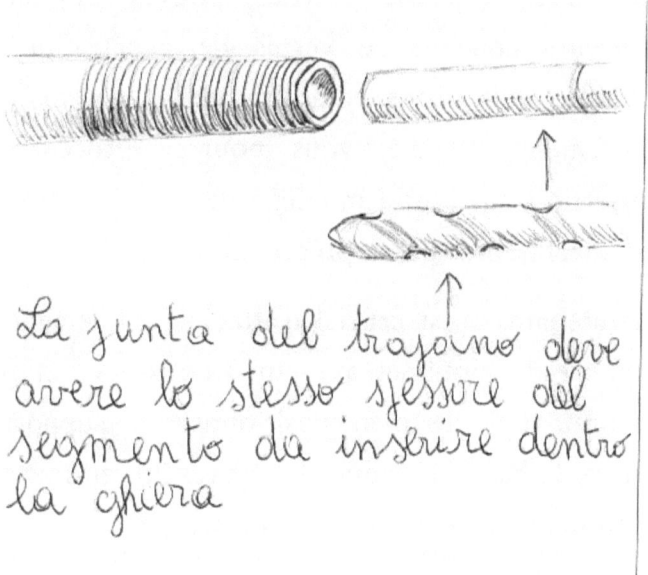

La junta del trajoino deve avere lo stesso sjessore del segmento da inserire dentro la ghiera

Fig. 8 : *La pointe du foret doit avoir la même épaisseur que le segment à insérer à l'intérieur de la bague.*

Une fois l'élément inséré, essayez de simuler des lancers fictifs. La canne ne doit présenter aucune oscillation interne ni hésitation ; elle doit donner l'impression d'être d'un seul et même morceau. En poursuivant le processus de fabrication, gardez à l'esprit que vous avez la possibilité de réduire l'épaisseur de la partie qui sera insérée en utilisant du papier de verre. Au contraire, si vous souhaitez augmenter l'épaisseur, vous pouvez appliquer plusieurs couches de vernis de pénétration et attendre qu'il sèche complètement. Une fois cet ajustement effectué, vous pourrez procéder à l'insertion du second morceau de la canne dans le premier, comme décrit précédemment.

Maintenant, il est crucial d'attacher solidement le support de moulinet avec un fil résistant et fin. Assurez-vous de bien positionner ce support : partez du bas de la canne et mesurez 20 centimètres depuis la base, puis marquez cet endroit.

C'est à partir de cette indication que vous commencerez à fixer le support.

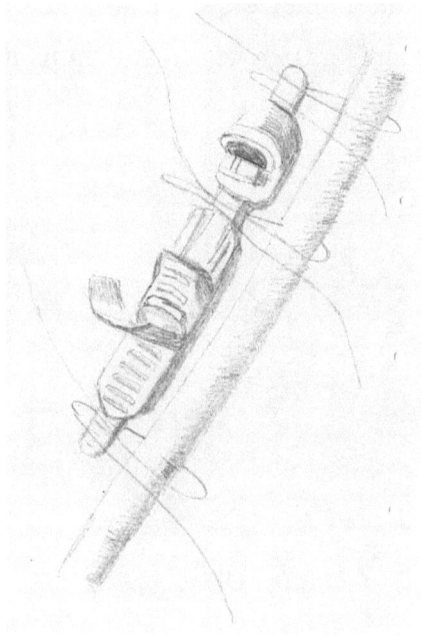

La poignée

Une fois cette étape terminée, il sera temps de décider quel type de poignée nous souhaitons créer. Dans ce guide, je vous présenterai une solution simple qui utilise des bouchons en liège. Ces bouchons devraient avoir un diamètre d'environ trois centimètres. Pour les percer de manière adéquate, il est nécessaire de les fixer fermement dans un étau. Utilisez ensuite une perceuse avec un foret du même diamètre que la canne dans laquelle ils seront insérés et percez les bouchons de part en part.

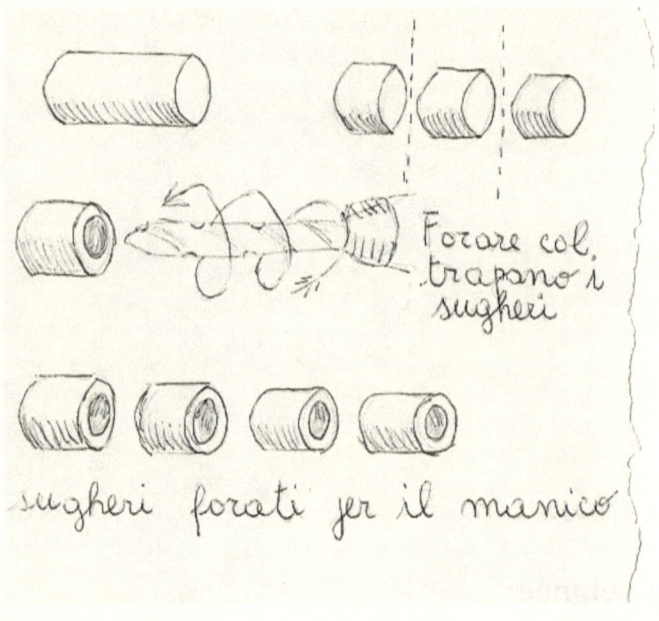

***Fig. 10** : Percer les bouchons avec la perceuse ; bouchons percés pour le poignée.*

A présent, saisissez votre canne et appliquez de la colle vinylique sur la partie allant jusqu'au début du support de moulinet.

Puis, empoignez la canne et, à l'aide d'un pinceau, étalez de la colle vinylique depuis la base jusqu'à l'amorce du porte-moulinet.

Ensuite, prenez les bouchons percés et insérez-les un à un, en commençant par la base de la canne (donc dans la zone où vous avez appliqué la colle). Prenez maintenant ces bouchons et enfilez-les un à un, débutant à la base de la canne, là où la colle a été étalée. Tout en glissant ces lièges sur la canne, mettez un peu de colle entre eux jusqu'à arriver au porte-moulinet, assurant ainsi une adhésion impeccable.

Ensuite, on va enfiler les bouchons depuis le sommet de la canne, en démarrant là où l'anneau est fixé. Laissez-les descendre jusqu'au porte-moulinet et scellez-les avec précision.

Après que la colle ait complètement séché, prenez du papier de verre et poncez bien l'ensemble de la poignée jusqu'à obtenir la forme souhaitée. Avec ces étapes, votre poignée sera prête.

Anneaux de guidage de ligne

Un moment clé dans la fabrication de notre canne à pêche est la fixation des anneaux de guidage. Avant de s'y atteler, il faut impérativement choisir le bon nombre d'anneaux, ce choix dépendant de la taille de la canne que nous sommes en train de monter.

Pour notre projet, on assemble une canne de deux mètres, donc on va se munir de quatre anneaux de guidage, sans oublier l'anneau de tête fixé au sommet. Vous pouvez trouver ces anneaux tout prêts dans les magasins spécialisés, ce qui rajoute une petite touche chic à votre canne. Mais si vous avez l'âme d'un bricoleur, vous pouvez aussi les fabriquer vous-même avec du fil de fer nickelé, pour un rendu à la fois simple et personnalisé.

Pour fabriquer vos propres anneaux, vous aurez besoin de cinq cylindres de différents diamètres et du fil métallique recouvert de nickel. Enroulez le fil autour des cylindres pour former les anneaux, à l'image de ceux montrés dans l'illustration. Pour couper ce fil à la longueur voulue, servez-vous d'une pince coupante.

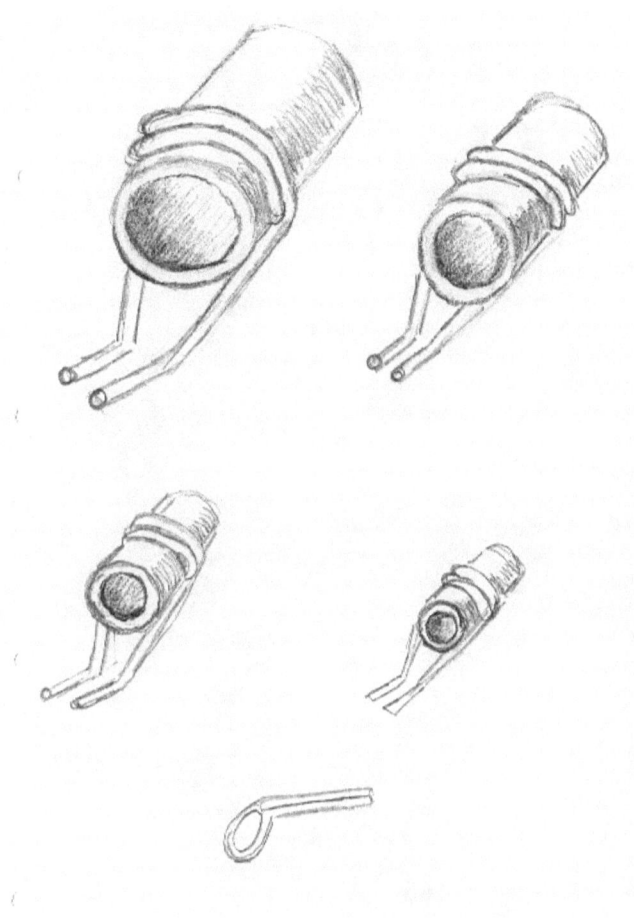

Cette méthode vous permet de personnaliser les anneaux de guidage de ligne selon vos préférences.

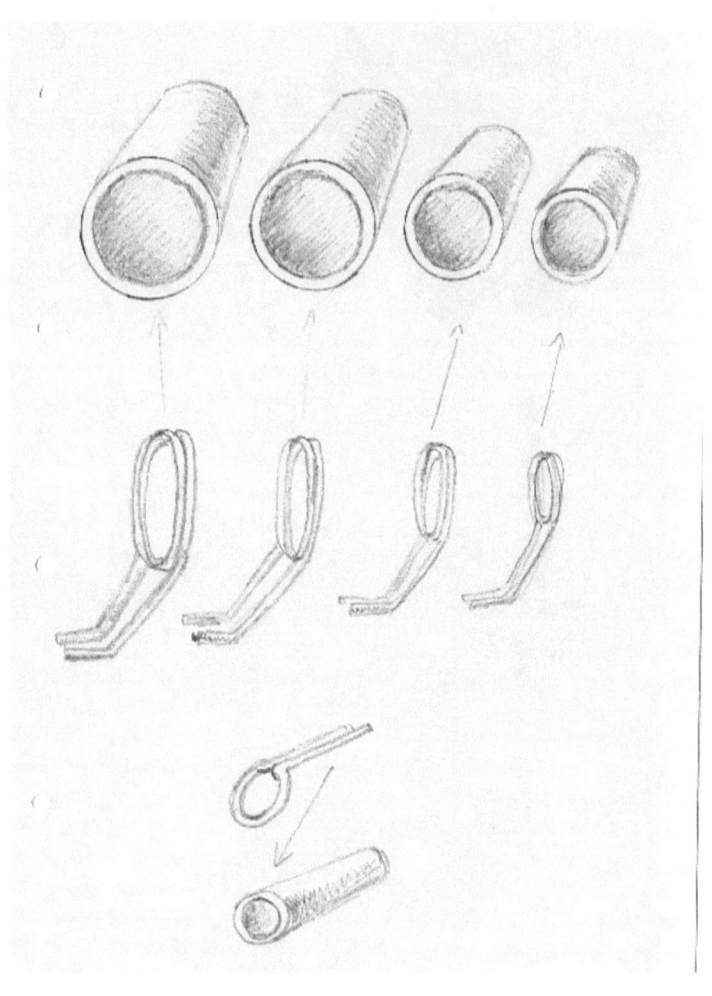

Dès que vous avez vos anneaux de guidage en main, on passe à l'étape suivante : fixer ces éléments clés sur la canne à lancer.

On commence avec le premier anneau, qui doit être

le plus large de tous.

Pour installer le premier anneau, placez-le à environ 55 centimètres du centre du support de moulinet et fixez-le fermement avec du fil de coton résistant.

Maintenant, prenez la canne, positionnez l'anneau de guidage à l'endroit prévu et appliquez soigneusement de la colle époxy ou vinylique.

Commencez à enrouler le fil autour de l'anneau, en veillant à couvrir entièrement la surface. Une fois cette opération terminée, appliquez de nouveau de la colle pour le renforcer davantage.

Répétez la même procédure pour les autres anneaux, en respectant les mesures décrites.

Accrochez le deuxième anneau à 45 centimètres du premier, le troisième à 30 centimètres du second, et le quatrième à 25 centimètres du troisième.

Fixer l'anneau de tête à la pointe au bout de la canne pour finir le montage des anneaux de guidage.

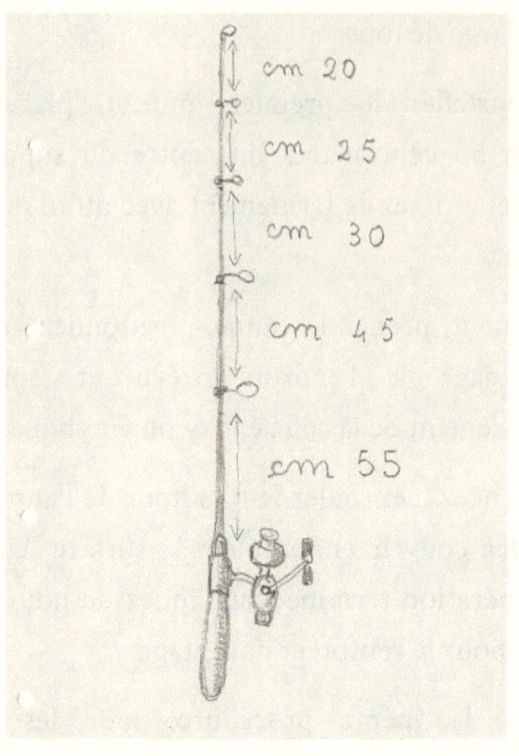

Cependant, avant de les fixer définitivement, vérifiez bien l'alignement des anneaux. Ils doivent tous se trouver sur une même ligne. Vous pourrez ensuite personnaliser votre canne. Par exemple, vous pourriez dessiner des symboles ou apposer votre nom avec un marqueur indélébile. Sinon, vous pourriez ajouter des détails décoratifs avec des fils de soie colorés pour donner une touche personnelle à votre canne. Bien sûr, si vous appliquez ces fils ou des inscriptions, n'oubliez pas de passer une couche de vernis transparent pour protéger et donner un aspect brillant à votre canne.

La fabrication d'une canne à lancer constitue le fondement pour créer d'autres cannes spécialisées, adaptées aux différentes techniques de pêche qui nécessitent l'utilisation d'un moulinet. L'attrait de cette démarche tient à la possibilité d'ajuster épaisseurs, conicité et longueurs, permettant ainsi de créer des cannes adaptées à un large éventail de techniques de pêche.

Pour ceux qui ont déjà fabriqué une canne à lancer, le passage à la création d'autres cannes spécialisées s'avère être une démarche grandement simplifiée. Par exemple, il est possible de construire une canne pour le "light rock fishing", parfaite pour la pêche en mer, ou une canne spécifique pour la pêche à la truite en étang, conçue pour utiliser des leurres comme les cuillers.

C'est vraiment incroyable à quel point le bambou est polyvalent lorsqu'il s'agit de construire des cannes à pêche sur mesure pour répondre aux besoins de chaque pêcheur. Cette polyvalence nous offre la possibilité d'adapter les cannes à nos préférences et aux différentes situations de pêche.

N'est-ce-pas fantastique tout cela ? Nous pouvons fabriquer des cannes à pêche pour n'importe quelle technique ! Vive le bambou !

Pour ceux qui souhaitent approfondir la construction de ces cannes spécialisées, je partagerai quelques conseils pour apporter des modifications simples et améliorer encore les performances de votre matériel. Ainsi, vous serez prêts à relever avec succès une multitude de défis de pêche.

La Canne pour le Light Rock Fishing

Le Light Rock Fishing est une technique de pêche importée du Japon qui se concentre principalement sur la capture de petits prédateurs qui habitent ou fréquentent les zones rocheuses, qu'elles soient naturelles ou artificielles. Parmi les espèces de poissons les plus couramment capturées avec cette technique, on trouve les gobies, les serrans écriture, les blennies, les rascasses, les serrans cabrilles, les labrus, les saupes, les petits sars, les oblades et bien d'autres. Il est important de noter que, bien qu'ils puissent être petits, ces poissons sont souvent appréciés pour leur combativité et le plaisir qu'ils offrent pendant la pêche.

L'une des grandes attractions du Light Rock Fishing et qu'il peut se pratiquer tout au long de l'année, et dans différentes conditions de mer, de préférence dans des eaux calmes. Étant donné que l'on s'attend à capturer de petits prédateurs, l'équipement utilisé est proportionné à cet objectif. Cela signifie l'emploi de cannes légères et sensibles avec des pointes réactives, qui permettent aux pêcheurs de détecter les touches sans effrayer le poisson. La longueur de ces cannes varie généralement de 1,80 m à 2,20 m.

Les moulinets utilisés sont également proportionnels aux cannes, généralement de tailles comprises entre 1000 et 2000. La bobine est chargée avec du nylon d'une épaisseur de 0,18 ou 0,20 millimètres. En ce qui concerne les appâts, on utilise de petites têtes plombées de 2 ou 3 grammes, souvent munies d'esches en silicone qui imitent des vers, de petits poissons fourrage, des crevettes et plus encore. Ces appâts ont des extrémités très fines qui, une fois agitées, libèrent des vibrations qui attirent immédiatement l'attention des poissons, les incitant à mordre.

Pour la fabrication des cannes de Light Rock Fishing, on utilise des tiges de bambou avec des diamètres plus fins que les cannes de spinning traditionnelles. En particulier, la pointe doit être extrêmement sensible tout en étant réactive pour capter les signaux les plus faibles.

Pour conférer aux cannes une forme plus parabolique lors du lancer et de la récupération, il est recommandé d'augmenter la quantité d'anneaux de guidage en fonction de la longueur de la canne que l'on construit, avec un nombre généralement compris entre 7 et 8 anneaux.

Un des principaux avantages de la fabrication artisanale des cannes à pêche est la possibilité de tout adapter à nos besoins spécifiques.

Nous pouvons les créer dans différentes tailles et les personnaliser selon notre imagination et notre créativité. De plus, ce processus permet de réaliser des économies considérables par rapport à l'achat de cannes commerciales. Mais ce qui rend vraiment spécial la fabrication de nos propres cannes, c'est le plaisir et la satisfaction que nous tirons de la création d'un outil qui contribuera au succès de nos aventures de pêche.

C'est une expérience qui va au-delà de la simple utilisation des cannes, nous permettant de nous connecter de manière plus profonde avec la pêche et notre côté créatif.

En fin de compte, le Light Rock Fishing et la fabrication artisanale des cannes représentent une combinaison idéale pour les pêcheurs à la recherche d'un défi amusant et gratifiant dans le monde de la pêche sportive.

3.

Les Flotteurs

L'exploration de la construction artisanale des flotteurs dévoile un chapitre captivant et crucial dans le monde de la pêche sportive. Ces modestes accessoires, bien que souvent relégués au second plan, jouent un rôle fondamental dans la réussite de la pêche, ce qui les rend dignes d'une attention particulière.

Examinons maintenant plus en détails l'importance des flotteurs fabriqués maison et les raisons pour lesquelles ils pourraient constituer le choix optimal pour les pêcheurs.

Dans le commerce, une large gamme de flotteurs de différentes tailles, formes et couleurs est disponible, chacun étant conçu dans un but spécifique. Cette variété peut parfois semer la confusion lors du choix les flotteurs attirant l'attention par leurs couleurs attrayantes et leurs formes uniques. Il est courant de s'en procurer sans en comprendre l'utilisation ou la raison du choix.

Cependant, le flotteur joue un rôle crucial dans la pêche. Sa fonction principale est de signaler la touche du poisson, indiquant une immersion plus ou moins rapide ou restant à la surface. Ce signal visuel est essentiel pour saisir le bon moment pour ferrer et ramener le poisson.

De plus, le flotteur a pour rôle de maintenir l'appât exactement à la profondeur souhaitée dans l'eau, là où l'on suppose que le poisson se trouve à ce moment précis. Cela est particulièrement important pour s'adapter aux différentes profondeurs et conditions de pêche. En outre, le flotteur aide à maintenir l'appât éloigné du fond, évitant ainsi les obstacles potentiels et empêchant l'enchevêtrement du fil.

Pour simplifier la compréhension des flotteurs, nous pouvons les diviser en trois modèles principaux : fuselés, en forme de poire ou de goutte inversée, et sphériques. Cette classification de base nous aide à reconnaître leurs spécificités et à assimiler la façon de bien les utiliser. Maintenant, alors que nous nous préparons à explorer le monde des flotteurs faits maison, nous devons considérer que fabriquer ses propres flotteurs présente de nombreux avantages.

Tout d'abord, cela permet de personnaliser complètement le flotteur pour l'adapter à nos besoins spécifiques en matière de pêche, en tenant compte des espèces que nous avons l'intention de capturer et des conditions environnementales dans lesquelles nous pêchons. De plus, cela nous permet d'économiser considérablement sur les coûts, car la fabrication des flotteurs est souvent moins chère que ceux du commerce.

Enfin, la construction des flotteurs est un processus créatif et gratifiant, qui peut enrichir davantage l'expérience de pêche. C'est une opportunité de mettre à l'épreuve notre ingéniosité et de perfectionner encore plus nos compétences de pêcheur. Dans ce nouveau chapitre consacré aux flotteurs faits maison, nous explorerons les techniques et les matériaux nécessaires pour créer des flotteurs sur mesure qui nous aideront à capturer avec succès une large gamme d'espèces de poissons.

Les Flotteurs Effilés

Revenons maintenant aux différentes typologies de flotteurs, en commençant par les flotteurs effilés. Ces flotteurs sont extrêmement sensibles et trouve leur application idéale dans les eaux calmes, plates ou sans courant significatif.

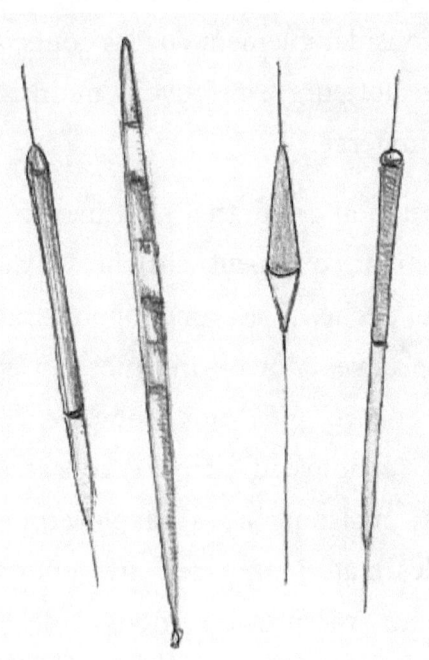

Ces flotteurs sont réputés pour détecter les touches les plus fines, ce qui en fait un excellent choix pour certains types de pêche.

Dans la vaste gamme de flotteurs disponibles sur le marché, je voudrais particulièrement recommander l'utilisation des classiques « stylos-hérissons ». A mon avis, ce sont parmi les meilleurs flotteurs effilés. Leur forme aérodynamique et leur construction légère les rendent idéaux pour une variété de situations de pêche.

Parmi les flotteurs effilés, les plus petits conviennent à la pêche d'espèces de petites tailles et aux cannes de dimensions réduites.

Étant donné que ces flotteurs sont associés à un plombage léger, leur portée ne sera pas particulièrement grande. Par conséquent, il est conseillé de pêcher relativement près de soi pour avoir une vision claire des touches du poisson.

Cette proximité nous permet d'observer attentivement le comportement du flotteur lorsqu'un poisson mord ou lorsqu'il effectue de petits mouvements suspects.

Cependant, lorsque nous faisons face à des poissons de plus grande taille ou à des eaux plus profondes, comme des lacs ou de larges fleuves à courant lent, nous pouvons opter pour des flotteurs effilés de taille plus importante.

Ceux-ci auront une plus grande épaisseur, assurant une plus grande visibilité même dans des conditions de pêche plus exigeantes.

De plus, si l'objectif est de lancer plus loin, il est possible de sélectionner des modèles de flotteurs plus lourds, qui, une fois plombés de manière appropriée, nous permettront d'atteindre des distances considérables et de faire rapidement descendre l'appât à la profondeur souhaitée.

Le choix du flotteur effilé approprié dépend de plusieurs facteurs, notamment du type de poisson que l'on souhaite capturer, des conditions environnementales et de la longueur de la canne utilisée.

Par conséquent, il est important d'adapter le flotteur aux besoins spécifiques de pêche, en gardant à l'esprit que sa sensibilité est un grand avantage lorsqu'il s'agit de détecter même les touches les plus délicates.

Les Flotteurs en Forme de Poire ou de Goutte Inversée

Les flotteurs en forme de poire ou de goutte inversée sont un excellent choix pour les eaux légèrement agitées ou avec un courant modéré.

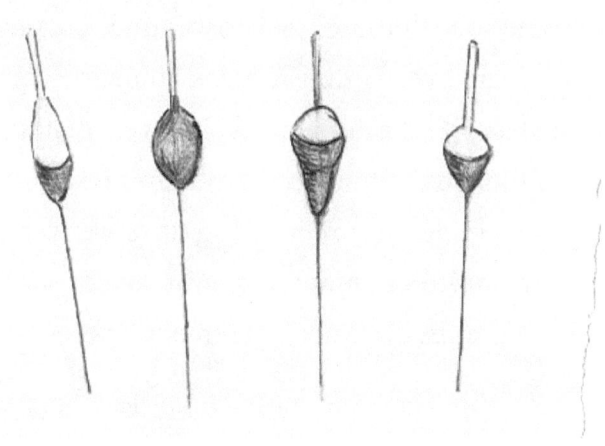

Ces flotteurs sont connus pour leur grande visibilité et présentent souvent une caractéristique distinctive : une séparation nette entre deux couleurs.

La ligne de flottaison du flotteur est déterminée par la nette séparation des couleurs avec lequel il est peint. Prenons un exemple un flotteur avec une partie supérieure rouge et une partie inférieure noire. La ligne de division entre ces deux couleurs doit être alignée avec la surface de l'eau lorsque le flotteur est correctement plombé. Ce principe est bien connu des pêcheurs expérimentés, mais il est important de le souligner car il est fondamental pour une utilisation correcte de ce type de flotteurs.

Lorsque le flotteur est positionné correctement dans l'eau, avec la division des couleurs alignée sur la surface, il est plus facile d'observer le mouvement ou la touche du poisson. Ce design fait des flotteurs en forme de poire ou en goutte renversée une option préférée pour capturer avec succès des poissons dans des eaux légèrement agitées.

Il est important de noter que le choix devrait toujours être influencé par les conditions environnementales de pêche. Ce type de flotteur est particulièrement propice aux situations où le courant n'est pas trop fort ou où l'eau est légèrement agitée. Adapter le flotteur aux conditions spécifiques de pêche est essentiel pour obtenir des résultats satisfaisants.

Les Flotteurs Sphériques

Les flotteurs sphériques sont particulièrement adaptés à la pêche dans les eaux agitées, que ce soit dans des environnements d'eau douce ou salée.

Ces flotteurs se révèlent être d'excellents alliés lorsqu'on se trouve dans des situations de pêche à proximité de zones fortement agitées, telles que près des cascades ou dans des zones caractérisées par un mouvement d'eau important.

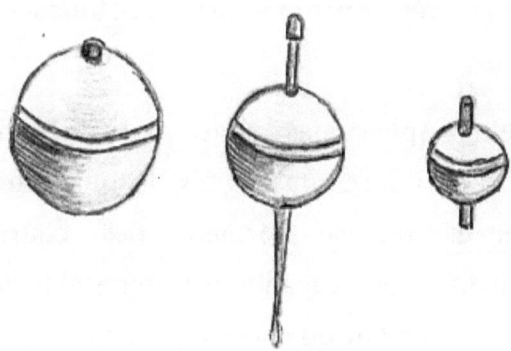

La forme sphérique de ces flotteurs a été spécialement conçue pour optimiser leur flottabilité dans des conditions de mer agitée ou très mouvementée. Cette caractéristique les rend particulièrement efficaces pour rester stables dans des eaux tumultueuses, où d'autres types de flotteurs pourraient avoir du mal à maintenir la position désirée.

Dans de telles circonstances, la forme sphérique du flotteur permet de réduire au minimum la résistance à l'eau, un élément crucial pour prévenir tout déplacement causé par la force des vagues ou du courant. Cette conception en forme de sphère offre une stabilité et un contrôle accrus, autorisant ainsi le pêcheur à maintenir une meilleure visibilité du flotteur et à réagir promptement aux touches des poissons.

Les flotteurs sphériques sont particulièrement appréciés dans les remous agités, là où l'eau est turbulente et où se forment des courants tourbillonnants. Leur capacité à rester stables à la surface de l'eau en fait un choix idéal pour capturer du poisson dans ces circonstances exigeantes.

Flotteurs et Techniques Variées

Parlons maintenant de certaines caractéristiques fondamentales qui devraient être présentes dans tous les types de flotteurs, indépendamment de leur forme et leur usage spécifique.

Ces caractéristiques sont essentielles pour assurer une pêche efficace et aisée dans différentes situations, que ce soit en eau douce ou salée.

La première qualité cruciale est la visibilité. Les flotteurs doivent être facilement repérables par le pêcheur, afin d'être rapidement détectés lorsqu'une touche se produit. La visibilité est essentielle pour permettre une réaction rapide de la part du pêcheur et pour capturer le poisson avec succès.

La deuxième chose à prendre en compte c'est un flotteur pas trop volumineux. Les flotteurs doivent être bien pensés pour ne pas trop résister, surtout au vent ou quand le poisson prend l'appât. Moins de résistance s'avère être beaucoup mieux pour ne pas être emporté par le courant ou le poisson.

Ces deux principes, visibilité et volume réduit, s'appliquent à la pêche dans tous les types d'eau, que ce soit en eau douce ou en eau salée. Cependant, il est important de noter qu'il existe différents types de flotteurs, chacun conçu pour des situations de pêche spécifiques. Par la suite, nous examinerons quelques-unes des catégories les plus courantes de flotteurs disponibles sur le marché.

Flotteurs Coulissants

Ces flotteurs sont idéaux pour pêcher dans des eaux plus profondes que la longueur de la canne.

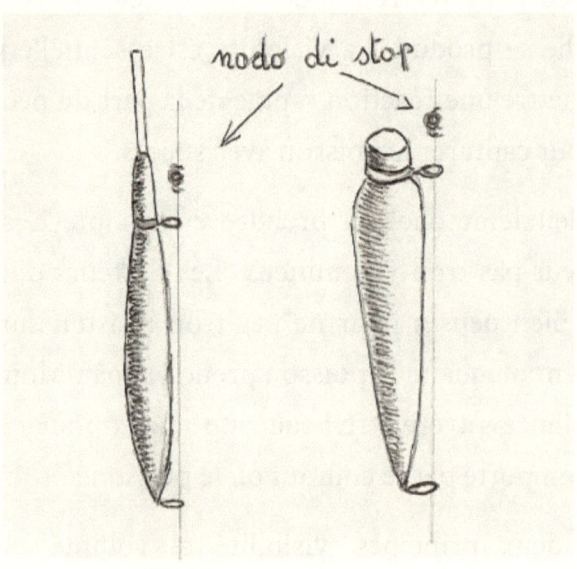

Fig 17 : Nœud d'arrêt.

Par exemple, si votre canne mesure 6 mètres de long et que le fond est à 8 mètres, vous pouvez utiliser un flotteur coulissant. Cela nécessite l'utilisation d'un nœud d'arrêt sur votre ligne, qui est placé à une distance prédéfinie de votre appât. Le flotteur coulisse le long de la ligne jusqu'à ce qu'il atteigne le nœud d'arrêt lorsqu'il est lancé.

Flotteurs pour la Pêche à l'Anglaise

Ces flotteurs sont conçus pour minimiser la résistance au vent. Pour pêcher avec succès par temps venteux, il est nécessaire d'immerger l'extrémité de la canne dans l'eau, afin de réduire la résistance au vent.

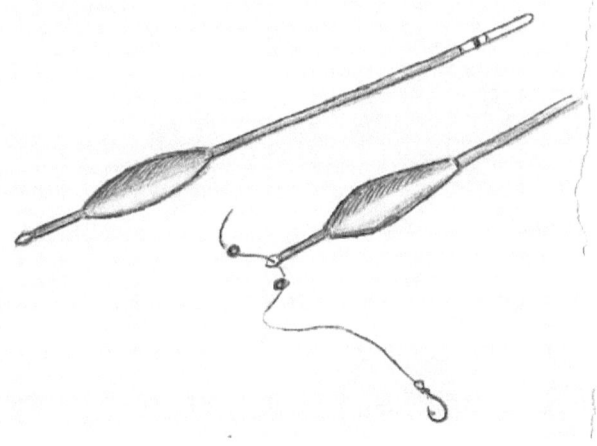

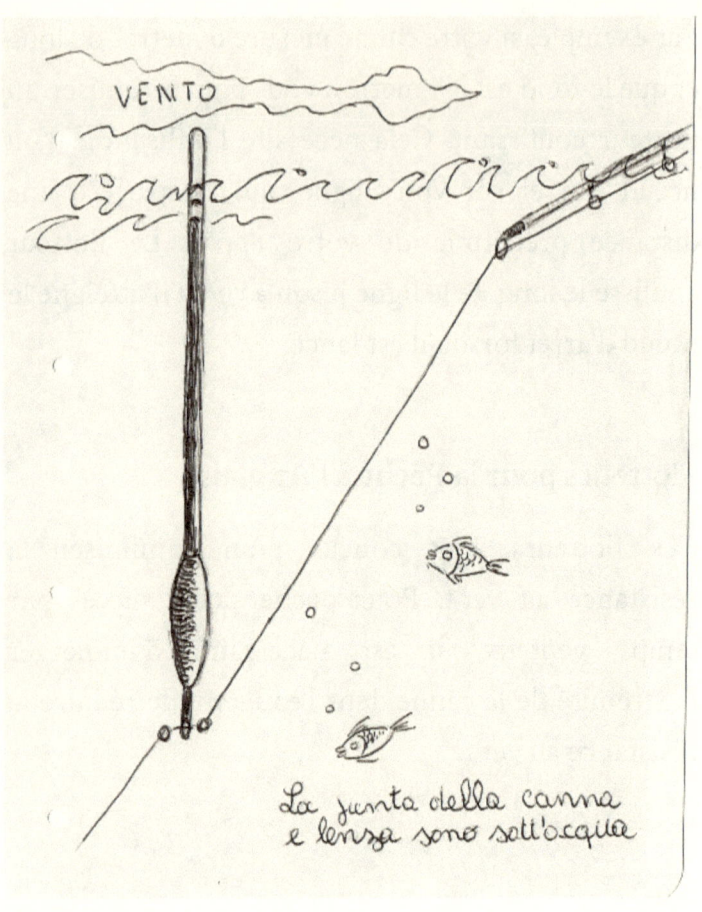

Fig 19 : *Vent ; l'extrémité de la canne et de la ligne sont sous l'eau.*

Cette technique nécessite l'utilisation de cannes spécialement conçues pour la pêche à l'anglaise, souvent composées de deux ou trois pièces. La longueur de ces cannes varie de 3,30 mètres à 4,20 mètres. Le choix est subjectif.

Flotteurs Plombés

Ces flotteurs sont très utiles pour la pêche en mer, en particulier pour attraper des loups et des mulets. Ils sont disponibles dans différents grammages pour s'adapter aux divers besoins de pêche, y compris des modèles plus lourds permettant de lancer à longue distance.

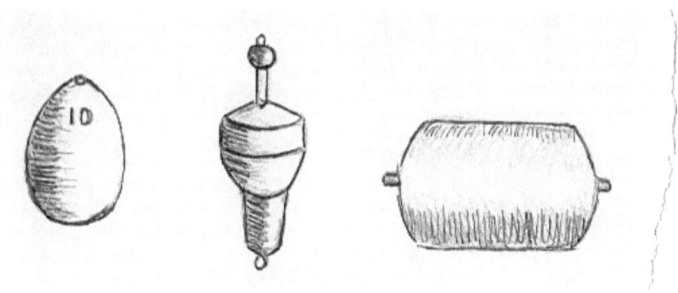

Flotteurs Lumineux

Ces flotteurs sont équipés d'un dispositif lumineux interchangeable et sont idéaux pour la pêche de nuit.

L'éclairage permet de voir clairement les touches

des poissons même en l'absence de lumière naturelle.

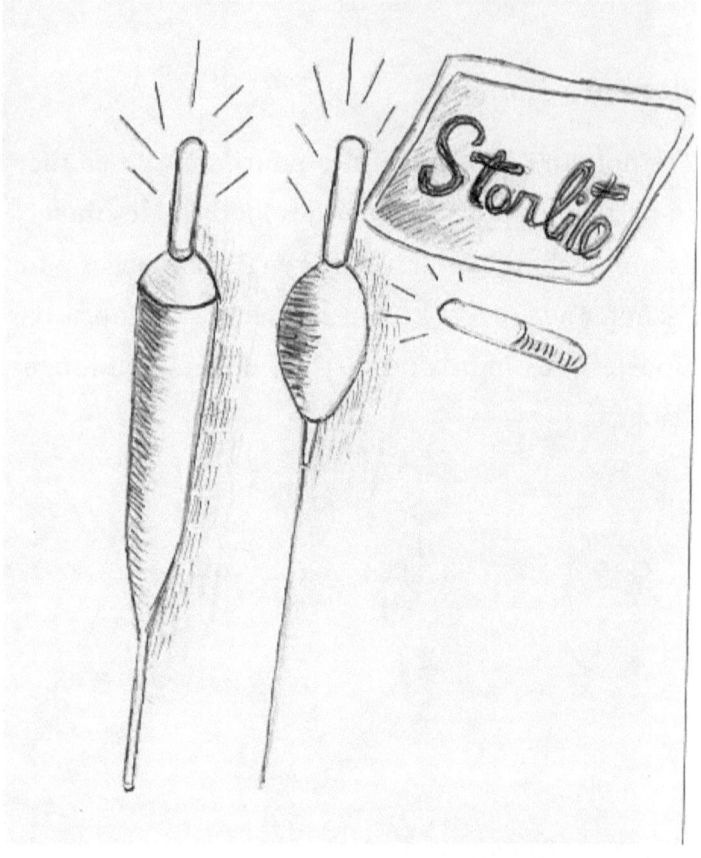

En plus de ces catégories principales, il existe de nombreuses autres variations et modèles de flotteurs sur le marché, chacun élaboré pour répondre à des besoins particuliers en matière de pêche. Le choix du flotteur le plus adapté dépend de la situation et des préférences du pêcheur. Pour ceux qui souhaitent se lancer dans la fabrication de leurs propres flotteurs, il est possible d'utiliser des matériaux tels que des bouchons en liège, du bois de balsa ou du polystyrène, en fonction des dimensions souhaitées.

La conception des flotteurs nécessite une attention particulière à la forme, au poids et au type de pêche prévu. Il est recommandé d'avoir un modèle ou un dessin du flotteur souhaité comme référence lors de la fabrication, ce qui simplifie considérablement le processus.

La construction artisanale des flotteurs offre la possibilité de personnaliser entièrement l'équipement de pêche et peut être une expérience enrichissante pour les pêcheurs créatifs.

Fabrication de Flotteurs

Après cette brève présentation des différents types de flotteurs, je pense que chacun d'entre vous aura une meilleure idée du genre de flotteur qu'il souhaite acheter ou fabriquer. Pour ceux qui souhaitent expérimenter la construction de leurs propres flotteurs, je fournirai ci-dessous quelques conseils pratiques simples.

Pour réaliser ces flotteurs, nous pouvons très bien utiliser des bouchons de vin ou de champagne en liège, ou bien du bois de balsa pour construire la forme. Quant aux quilles, nous pouvons utiliser de simples brochettes en bambou pour les flotteurs plus grands et plus lourds, ou du fil d'acier pour fabriquer la quille des flotteurs de faible poids et légers.

Les matériaux que je vous propose sont facilement disponibles, bien sûr, vous êtes libres d'opter pour des matériaux plus nobles qui vous permettront de confectionner des flotteurs de qualité supérieure. Je vous offre simplement une suggestion pour une réalisation simplifiée.

Les flotteurs ne doivent pas être conçus de manière improvisée, mais il est crucial d'avoir une vision précise de la forme à réaliser, du poids et du type de pêche que nous envisageons.

Je vous recommande d'avoir le modèle ou le dessin du flotteur que vous souhaitez construire sous les yeux, cela vous aidera grandement tout au long du processus de fabrication.

Le Flotteur Classique

Matériaux nécessaires :

- bouchon en liège
- pique en bambou
- fil de fer fin
- anneaux en silicone pour l'attache
- fil de coton ou de soie
- fil de cuivre pour fabriquer l'anneau sur la pique en bambou
- colle à prise rapide
- peintures émaillées, acryliques ou en bombe au choix

Outils recommandés :

- poinçon ou foret
- cutter
- papier de verre
- petit pinceau

Tout d'abord, prenez le bouchon en liège, puis percez-le d'un bout à l'autre à l'aide d'un poinçon fin ayant le même diamètre que la pique. Vous pouvez également utiliser une perceuse.

Prenez la pique en bambou et insérez-la dans le liège perforé. Il est très probable que vous n'ayez pas besoin de colle car la pique va demeurer bien serrée dans le liège et ne bougera pas.

La prochaine étape consistera à arrondir le liège avec un cutter, aussi bien sur la partie supérieure que sur la partie inférieure, lui donnant ainsi une forme approximative. Ensuite, il ne vous restera plus qu'à prendre du papier de verre et à lisser le tout jusqu'à obtenir la forme désirée.

A ce stade, vous avez deux options pour attacher le flotteur à la ligne.

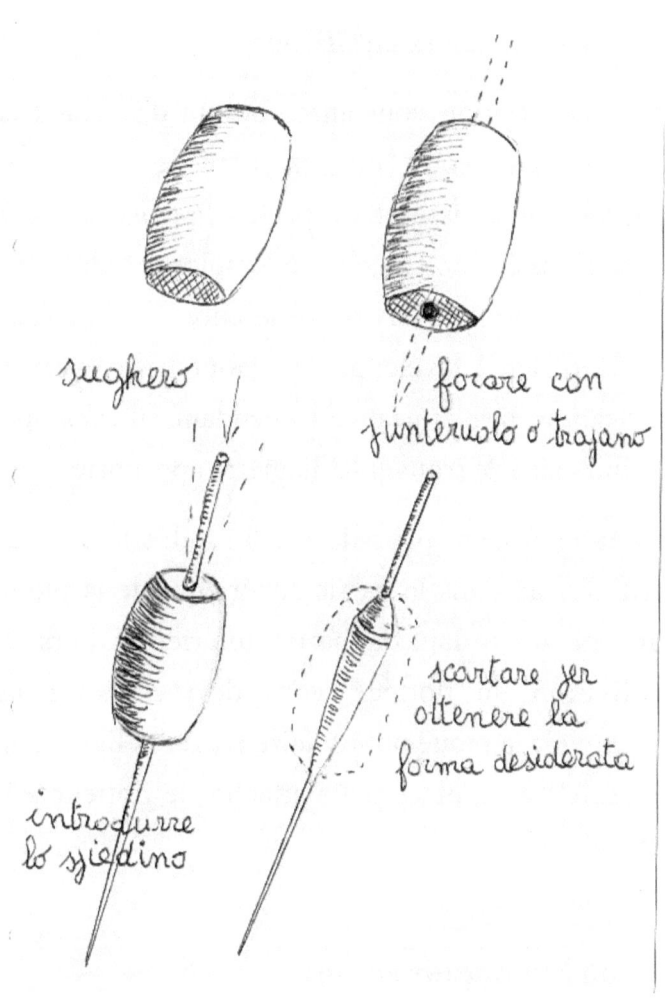

Fig 22 : *Liège ; percer avec un poinçon ou une perceuse ; introduire la pique ; poncer avec du papier de verre pour obtenir la forme désirée.*

Option 1 : Anneaux en silicone

Pour cette option vous aurez besoin d'anneaux en silicone que vous pouvez dénicher dans les magasins de chasse et de pêche. Parfois, je les ai confectionnés moi-même en employant du câble électrique, dont j'avais retiré le cuivre à l'intérieur pour utiliser l'enveloppe en caoutchouc dans la fabrication des anneaux. Cependant, il n'est pas toujours aisé de trouver le diamètre approprié.

Revenons à cette procédure : il faudra insérer un petit anneau dans la partie supérieure de la pique, puis un autre dans la partie inférieure. Lors de l'utilisation du flotteur, vous devrez retirer les anneaux de la pique pour y faire passer la ligne, puis les remettre en place pour attacher le flotteur à la ligne.

Option 2 : Anneaux en cuivre

Pour fabriquer l'anneau passe-fil sur le flotteur, vous devez prendre un câble électrique et retirer un fil de cuivre en le pliant en forme de « U », comme illustré sur la photo.

Ensuite, utilisez un fil de coton ou de soie fin pour attacher fermement cet anneau passe-fil à l'extrémité inférieure du flotteur (celle qui sera sous l'eau). Pour garantir une fixation robuste, appliquez deux gouttes de colle rapide sur le nœud afin de bien fixer l'ensemble.

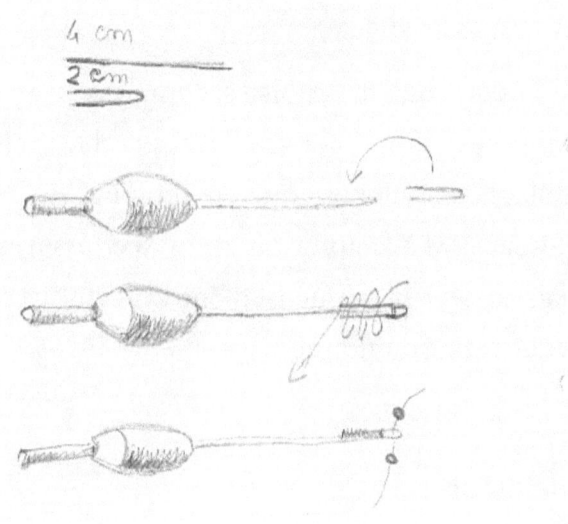

Pour fixer le flotteur à la ligne avec cette méthode, vous devrez positionner un plomb fendu de chaque côté de l'anneau passe-fil, de manière à ce que ce dernier reste au centre des deux plombs. Ce type d'attache est très semblable au montage utilisé pour la pêche à l'anglaise.

La coloration

Maintenant que la construction du flotteur est terminée, il est temps d'entamer la phase de coloration. Pour commencer, puisez votre inspiration dans les teintes des flotteurs que vous auriez pu apercevoir dans les catalogues ou les magasins de pêche.

Une fois les couleurs choisies, commencez à peindre le flotteur. Vous pouvez utiliser des peintures émaillées, acryliques ou en bombe, selon vos préférences. La coloration terminée, assurez-vous de laisser sécher soigneusement les peintures avant de vous servir du flotteur.

Conclusion

J'ai choisi de commencer par un modèle de flotteur facile à confectionner pour vous donner confiance. C'est juste le début, et avec de la pratique et de la détermination, vous serez en mesure de réaliser des modèles plus complexes à l'avenir.

Avec le temps et l'expérience, vous pourrez créer une large gamme de flotteurs, ce qui signifie que vous pourrez occuper les jours où la météo vous empêche de pêcher avec un passe-temps amusant à la maison.

Cela peut paraître paradoxal, mais je vous assure que cela vous donnera l'impression de pêcher même en restant simplement chez vous, dans cet endroit où vous passer habituellement du temps à rêver à vos prochaines sessions de pêche.

Le Flotteur Coulissant

Matériaux nécessaires :

- un ou deux bouchons en liège
- une pique en bambou
- fil de fer fin
- un clou
- fil de coton ou de soie
- peintures émaillées, acryliques, ou en bombe
- colle à prise rapide

Outils recommandés :

- poinçon
- perceuse
- cutter
- papier de verre

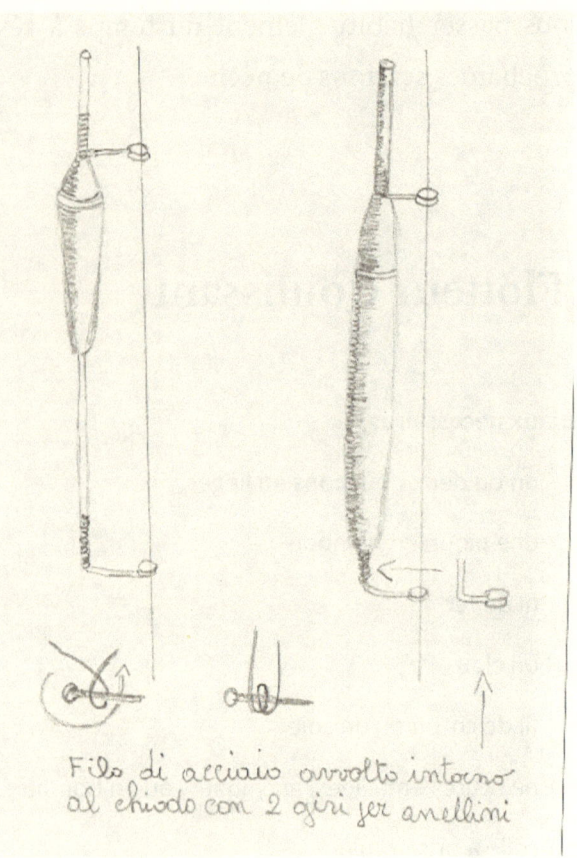

Filo di acciaio avvolto intorno al chiodo con 2 giri per anellini

Fig 24 : *Fil d'acier enroulé autour du clou avec 2 tours pour les anneaux.*

La réalisation du flotteur coulissant est très similaire à celle du précédent, il suffira juste d'apporter quelques modifications comme vous pouvez le voir sur la figure.

Commençons par faire un choix : observez l'image et décidez si vous préférez un flotteur plus court comme celui de gauche ou plus long comme celui de droite.

Si vous optez pour le modèle le plus court à gauche, vous aurez besoin d'un seul bouchon en liège. Pour le modèle plus long à droite, qui a une forme plus fuselée, je vous conseille d'utiliser deux bouchons en liège que vous pourrez coller ensemble.

Cette configuration permettra au flotteur d'être plus long et de mieux fendre l'air lors du lancer.

Une fois cette décision prise, vous pouvez suivre les mêmes instructions que celles données pour le flotteur précédent, mais vous devrez apporter quelques modifications à la fabrication des anneaux.

Pour créer les deux anneaux illustrés dans la figure, nous utiliserons un fil d'acier très fin. Prenez le fil et enroulez-le autour d'un clou, en faisant deux tours. Ensuite, coupez-le pour former un « L » comme indiqué dans l'image. Vous devrez créer deux anneaux identiques en suivant cette procédure.

Ensuite, prenez un anneau en forme de « L » et placez-le contre la pique du flotteur. Enveloppez-le avec un fil de coton ou de soie pour le recouvrir complètement sur toute sa longueur. Une fois le fil bien serré, appliquez une colle à prise rapide pour le rendre plus solide.

Le résultat final consistera en deux anneaux, l'un fixé à la base du corps en liège et l'autre à l'extrémité de la pique. Ces anneaux seront utilisés pour faire glisser le nylon au travers.

Le Flotteur à l'Anglaise

Matériaux nécessaires :

- un vieux pinceau d'école pour peindre
- une baguette asiatique
- bouchon en liège
- morceau de plomb ou fil de plomb
- fil d'acier mince
- colle à prise rapide
- peintures émaillées, acryliques ou en bombe

Outils recommandés :

- lime
- papier de verre
- poinçon ou perceuse
- marteau

Cette construction est vraiment simple. Nous aurons besoin d'un vieux pinceau d'école déjà utilisé pour la peinture à l'huile, dont nous devrons retirer la bague qui maintient les poils en place.

La forme du pinceau est très similaire à celle d'un flotteur anglais, ce qui simplifiera grandement le processus de fabrication.

Si vous n'avez pas de vieux pinceau à disposition, vous pouvez tout aussi bien utiliser ces baguettes en bambou que l'on trouve dans les restaurants asiatiques, comme celles dont on se sert pour manger du riz.

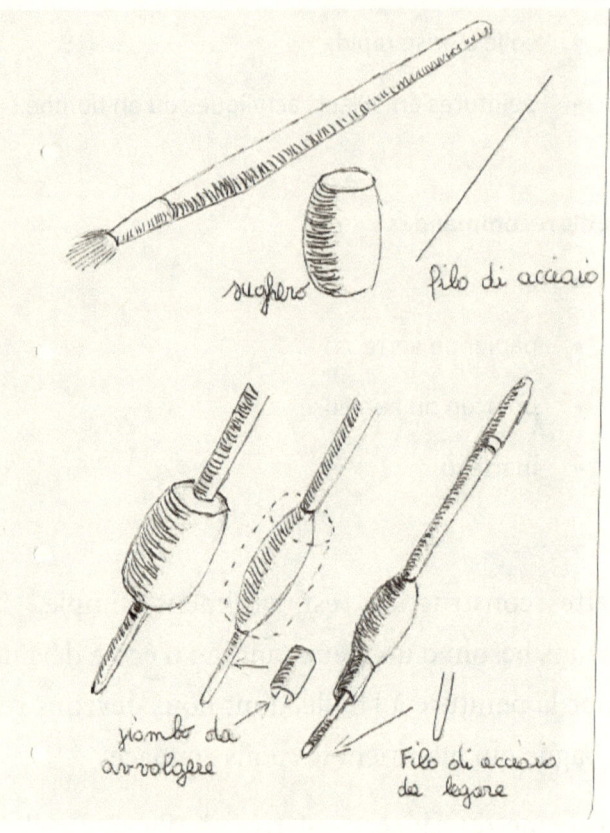

Fig 25: *Liège ; fil d'acier ; plomb à enrouler ; fil d'acier à attacher.*

Pour commencer, prenez un bouchon en liège et percez complètement le liège en utilisant un poinçon ou une perceuse. Appliquez quelques gouttes de colle sur l'extrémité du pinceau, là où le liège sera fixé. Ensuite, insérez le pinceau à l'intérieur du liège et faites-le glisser jusqu'à atteindre la distance souhaitée.

Maintenant, prenez un morceau de plomb et modelez-le de manière à ce qu'il puisse être enroulé autour de la partie inférieure de notre flotteur. Par exemple, vous pouvez prendre un vieux plomb de pêche et le marteler jusqu'à ce qu'il devienne une sorte de plaque aplatie.

Une alternative consiste à se procurer du fil de plomb solide dans une quincaillerie. Peu importe votre choix, l'essentiel est d'envelopper le plomb autour de la partie inférieure du liège, tel que représenté dans la figure. Ici encore, il convient d'appliquer préalablement quelques gouttes de colle à prise rapide à l'extrémité du pinceau, là où vous fixerez le plomb.

Donc, une fois que le plomb est enroulé autour de la partie inférieure du liège et fixé avec de la colle, nous allons maintenant lui donner une forme plus adaptée au flotteur anglais, en l'ajustant avec une lime en fer et en ponçant le liège avec du papier de verre. Le papier de verre peut également être utilisé pour modeler le plomb ; l'objectif est d'obtenir la forme souhaitée pour notre flotteur. Faites attention lorsque vous limez le plomb, portez un masque de protection pour éviter d'inhaler la poussière.

Maintenant, nous allons nous concentrer sur la création de l'anneau passe-fil pour le flotteur, qui permettra de faire passer la ligne. Pour cette étape, vous aurez besoin d'un fil d'acier fin. L'anneau devra être attaché à l'extrémité du flotteur. Veillez à ce que cette extrémité soit plus fine, afin de permettre l'installation de l'anneau passe-fil, qui sera confectionné avec le fil d'acier fin.

Pour créer l'anneau, pliez le fil d'acier en formant un petit « U », comme illustré dans la figure.

Ensuite, appliquez quelques gouttes de colle à prise rapide sur l'extrémité du pinceau et enroulez le fil d'acier avec du fil de coton ou de soie, en veillant à effectuer des tours serrés sur toute sa longueur.

Enfin, ajoutez quelques gouttes de colle sur la fixation une fois terminée pour la rendre plus solide.

Maintenant que vous avez terminé toutes les étapes précédentes, il est temps d'exprimer votre création dans la phase de coloration. Vous pouvez vous inspirer des nouveaux modèles de flotteurs présentés dans des magazines spécialisés ou chercher des idées sur Google.

Amusez-vous à sélectionner les couleurs et à apposer les détails pour rendre votre flotteur singulier et attrayant. Laissez libre cours à votre créativité et personnalisez votre flotteur selon vos propres goûts et préférences. Profitez bien !

Le Flotteur Plombé

Les flotteurs plombés représentent une solution idéale pour les pêcheurs désireux d'atteindre des distances considérables à la recherche d'une grande variété d'espèces piscicoles, que ce soit dans des environnements d'eau douce tels que les lacs et les rivières, ou dans des contextes marins. Ces flotteurs sont disponibles dans divers modèles aux formes et poids différents, adaptés à tout type d'environnement, des eaux calmes aux endroits plus agités. Pour atteindre de grandes distances et viser les zones où les poissons se trouvent, il est essentiel de choisir des flotteurs plombés avec un bon poids, nécessitant parfois des valeurs de 20, 30 ou 40 grammes. Cependant, il existe des situations où les poissons se trouvent près du rivage, justifiant des flotteurs beaucoup plus légers, de 2 ou 3 grammes.

La splendeur du « fait maison » réside dans le fait que nous pouvons fabriquer nos propres flotteurs plombés sur mesure pour répondre à des besoins spécifiques. Cela signifie que vous aurez un contrôle total sur le poids et les dimensions de vos flotteurs, vous offrant ainsi une plus grande flexibilité lors de vos séances de pêche.

Les flotteurs plombés sont particulièrement adaptés à la pêche en mer, surtout dans des conditions d'eau agitée, lorsque les poissons ont tendance à s'éloigner du rivage. Pour les réaliser, vous pouvez utiliser des bouchons en liège plus imposants, voire même des bouchons en mousse de taille généreuse.

Ces matériaux sont parfaitement adaptés à la fabrication de flotteurs robustes capables de relever les défis des eaux marines tumultueuses. Maintenant, nous allons créer ensemble un flotteur plombé.

Matériaux nécessaires :

- bouchon en liège
- tube réservoir d'encre d'un stylo
- colle à prise rapide
- disque de plomb
- peintures émaillées, acryliques ou en bombe

Outils recommandés :

- poinçon ou perceuse
- cutter
- papier de verre

Pour amorcer la construction, nous allons nous procurer un bouchon en liège, et, à l'aide d'un poinçon ou d'une perceuse munie d'une mèche fine, pratiquer un trou au centre, traversant le liège de part en part.

Ensuite, prenons le cutter et coupons un tiers du liège. Saisissons-nous également d'un disque de plomb et perçons un trou au centre de celui-ci.

L'objectif est de s'assurer que le trou au centre du plomb correspond parfaitement à celui que nous avons créé dans le bouchon en liège. Il s'agit maintenant de fixer fermement le plomb au liège avec de la colle.

Maintenant, procurons-nous un tube réservoir de stylo dépourvu d'encre et insérons-le à l'intérieur du liège de manière à ce qu'il le traverse de part en part.

Prenons le morceau de liège que nous avions précédemment coupé, et, en utilisant de la colle, fixons-le solidement au plomb (en veillant à ce que le plomb reste entre les deux morceaux de liège).

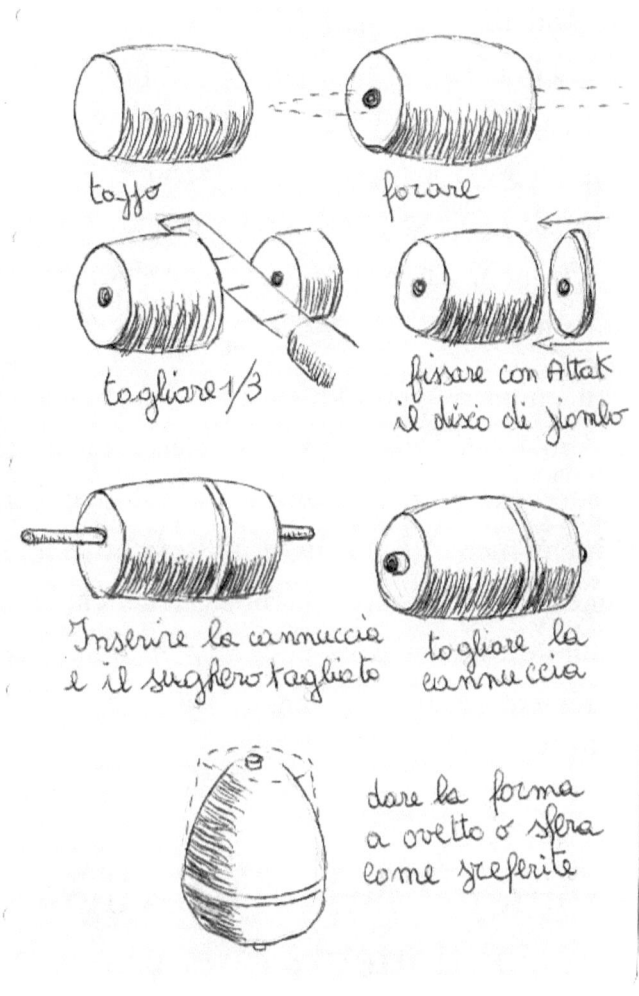

Fig 26 : *Bouchon ; percer ; couper 1/3 ; fixer le disque de plomb avec une colle à prise rapide ; insérer le tube et le liège coupé ; couper le tube ; donner la forme d'œuf ou sphère selon votre préférence.*

Pour obtenir la forme désirée de notre flotteur, nous utiliserons un cutter pour arrondir à la fois, la partie supérieure et inférieure du liège, afin de lui donner une forme ovale ou sphérique, selon les préférences. Ensuite, nous prendrons du papier de verre fin pour lisser la surface jusqu'à accéder à la forme souhaitée.

Ensuite, nous couperons le tube du stylo de manière à ce qu'il soit aligné avec le liège. Puis nous procéderons à la coloration de notre flotteur selon nos préférences. Vous pouvez utiliser des peintures émaillées ou des vernis à ongles. Le choix des couleurs et des types de peintures en bombe sera entièrement subjectif, basé sur votre goût personnel.

Comment fabriquer des lignes pour vos flotteurs faits maison

Pour conclure cette section sur la construction artisanale des flotteurs, il est crucial d'explorer en détail le thème de l'ajout de plomb, de la confection des lignes et des conseils pour choisir les appâts adaptés à votre pratique de pêche.

Dans les prochains paragraphes, je vous guiderai à travers le processus de plombage, en expliquant comment équilibrer correctement vos flotteurs. De plus, nous aborderons la préparation des lignes, en mettant en évidence des aspects importants à prendre en considération.

Je vous fournirai également de précieux conseils sur la sélection des appâts idéaux pour votre ligne de pêche. Ces aspects revêtent une importance fondamentale pour maximiser vos chances de réussite avec vos flotteurs et vos cannes fabriqués maison, vous assurant une expérience enrichissante à la fois en termes de prises et de satisfaction personnelle.

Comment plomber les flotteurs que vous avez construits

Insérer des plombs dans votre ligne pour équilibrer le flotteur peut sembler aisé en théorie, en pensant que lorsque le flotteur est vertical, l'équilibre est atteint. Mais en réalité, ce n'est pas si simple.

Imaginez préparer une ligne pour pêcher dans des eaux calmes et transparentes ; vous ne devez pas concentrer le plombage en un seul point, sinon ce serait trop évident et le poisson sentirait la traction, devenant méfiant et s'éloignant.

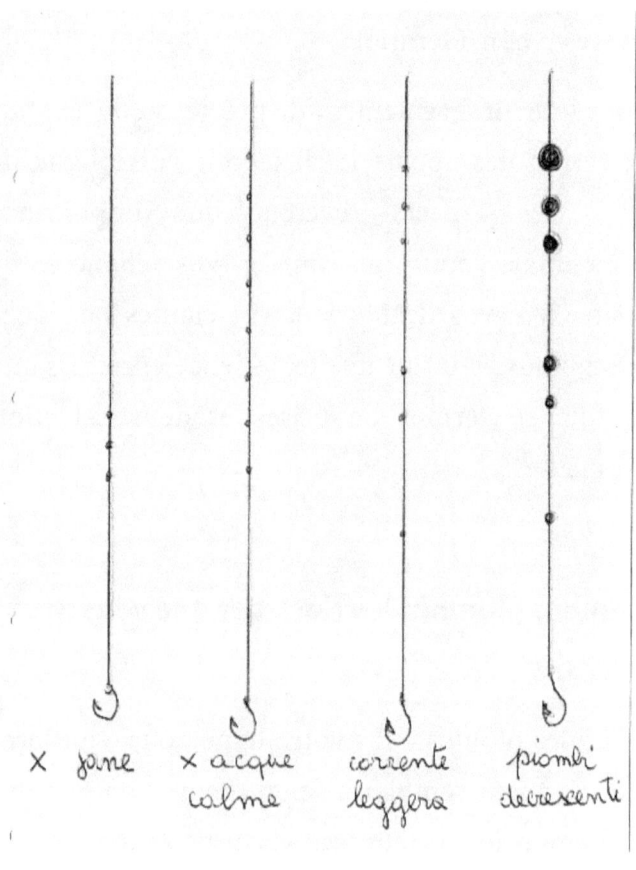

Fig 27 : *Pour le pain ; pour les eaux calmes ; courant léger ; pour les plombs décroissants.*

Vous devez répartir de manière plus uniforme le poids du plombage. Au lieu d'utiliser un ou deux plombs de grande taille pour ajuster correctement le flotteur, vous pouvez opter pour six ou huit plombs beaucoup plus petits, mais avec le même poids total, répartis à une certaine distance les uns des autres, d'environ un à deux centimètres. De cette manière, le poids est distribué uniformément et devient presque invisible aux yeux du poisson.

La quantité de plomb nécessaire dépend de la longueur du flotteur et de la profondeur de l'eau. De plus, plus le flotteur est sensible, plus il détectera rapidement la touche du poisson. Le plombage ne devrait pas être trop proche de l'hameçon, sinon son volume pourrait alerter le poisson et le faire fuir.

Dans le cas d'un léger courant, le résultat final du plombage devrait permettre à l'appât de précéder tout le corps de la ligne, y compris le flotteur.

Lorsque le signal de la touche se manifeste, nous devons ferrer, et pour un ferrage correct, la ligne doit former une ligne droite entre le sommet de la canne et l'hameçon. Sinon, si l'hameçon est entraîné par le courant et reste en arrière du flotteur, la ligne adoptera une trajectoire en zigzag, et lors du ferrage, celle-ci pourrait ne pas être suffisamment tendue pour permettre un ferrage efficace.

Dans l'image précédente, je vous ai montré quelques plombages de base qui vous permettront de démarrer du bon pied. Avec de l'entraînement, vous pourrez les personnaliser en fonction des conditions de courant et de profondeur. Chaque pêcheur développe ses propres convictions et théories sur le plombage des flotteurs, basées sur l'expérience personnelle de chaque session de pêche.

Si lors d'une session de pêche, vous remarquez que votre plombage et son flotteur associé ne fonctionnent pas comme prévu, n'hésitez pas à les modifier. Il est préférable d'apporter des corrections rapidement, car cela vous donnera la possibilité de capturer plus de poissons.

Je trouve juste de partager son expérience avec les autres. J'ai commencé à pêcher grâce aux conseils de mes amis pêcheurs, alors les gars, ça a marché pour moi, ça marchera aussi pour vous !

Comment préparer un bon montage de ligne

Pour être qualifiée de bonne, une ligne doit obligatoirement présenter ces critères : solidité, finesse et invisibilité, en toute logique.

Pour une simple question de praticité, je vous déconseille d'utiliser une ligne avec un seul nylon sur toute sa longueur. La raison est la suivante : il se peut que notre hameçon s'accroche à une aspérité du fond lors du passage, qu'il s'agisse d'un rocher, d'une racine d'un tronc immergé ou autre.

Peu importe le nombre de tentatives que nous faisons pour le libérer, il arrive souvent que le nylon se casse.

Dans ce cas, la seule alternative est de refaire complètement toute la ligne.

Outre la perte de temps qui en découle, cela entraîne également la perte du flotteur, du nylon avec les plombs et l'hameçon. Par conséquent, pour des raisons de praticité et aussi d'économie, nous devons construire notre ligne de manière différente.

Une ligne construite logiquement doit avoir un point de rupture prévu à l'avance, de sorte qu'en cas de casse, nous puissions réduire les dommages au minimum.

Je vais vous donner un exemple. Prenez un nylon de 0,16 mm pour fabriquer la ligne principale et insérez le flotteur et le plombage correspondant. Cette ligne doit être plus courte d'environ cinquante centimètres que la longueur de notre canne.

Au bout de cette ligne principale, nous réaliserons une toute petite boucle à laquelle sera attachée l'extrémité d'un nylon plus fin, comme un 0,12 ou 0,10. Ainsi, en cas de nouvel accrochage au fond et de casse lors de la tentative de libération de l'hameçon, la ligne céderait au niveau de la jonction des deux nylons. Par conséquent, nous ne perdrons que la partie finale de notre ligne comprenant uniquement l'hameçon. Et de cette manière, nous pourrons remplacer notre extrémité en très peu de temps.

Fig 28 : *Le diamètre du nylon de la ligne principale doit toujours être supérieur à celui de la partie finale ; boucle ou micro emerillón pour fixer la parte finale.*

En anticipant cet inconvénient désagréable, vous pouvez préparer avant la partie de pêche les hameçons déjà montés sur le nylon à appliquer à la bouche. Ainsi, si vous cassez la ligne, il sera rapide et pratique de la remplacer.

Le choix des appâts

Une des problématiques les plus courantes parmi les pêcheurs, surtout les débutants, concerne le choix des appâts. Ces appâts peuvent être divisés en trois catégories principales : les appâts naturels vivants, les appâts végétaux et les leurres artificiels. Ces catégories sont utilisées aussi bien dans la pêche en eau douce que celle en mer. En ce qui concerne la pêche en mer, les appâts les plus courants incluent le pain, les crevettes, les moules, les vers, les couteaux et d'autres variétés. Récemment, sur ma chaîne YouTube, j'ai aussi pêché avec des saucisses et du blanc de poulet avec d'excellents résultats.

Dans le contexte de la pêche en eau douce, les appâts naturels couvrent une vaste gamme d'organismes présents dans l'environnement naturel du poisson, notamment les larves, les nymphes et divers insectes tels que les éphémères, les crevettes, les sangsues, les têtards, les vers de terre, les escargots, les sauterelles, les coccinelles, les mouches et bien d'autres encore. Ces organismes se retrouvent occasionnellement dans l'eau et constituent une part signification de l'alimentation des poissons.

Malgré la grande variété d'appâts naturels disponibles, la plupart des pêcheurs ont tendance à utiliser principalement deux types : l'asticot, également connu sous le nom de larve de mouche à viande et le ver de terre.

L'asticot est un petit appât qui nécessite l'utilisation d'hameçons proportionnés à sa taille, comme ceux de taille 14, 16, 18, 20, 22 et 24.

Avec le ver de terre, la situation est différente car il s'agit d'un appât plus gros qui peut couvrir complètement l'hameçon sur toute sa longueur, permettant l'emploi d'hameçons de plus grande taille.

Même les appâts végétaux peuvent être très efficaces. Parmi les plus courants, on trouve le maïs, le chanvre, la polenta, le blé, le pain et les pâtes à base de divers farines et fromages, particulièrement adaptés à la pêche des barbeaux et des chevesnes. Les fruits, tels que les mûres, les cerises mûres, les figues mûres et flétries coupées en lamelles, sont tout aussi attrayants et constituent une excellente option pour capturer des chevesnes.

Dans ces situations, l'amorçage joue un rôle très important à la fois avant et pendant la session de pêche. Si nous prévoyons de revenir pêcher au même endroit à l'avenir, il est essentiel de continuer à amorcer dans les jours précédents pour le maintenir actif.

Je n'ai pas énuméré d'autres types d'appâts pour éviter la confusion, mais je me suis limité à mentionner les options les plus connues et facilement disponibles. Personnellement, j'ai longtemps utilisé les asticots, qui peuvent attraper une grande variété de poissons. Cependant, il est essentiel de ne pas exagérer avec la quantité d'asticots lors de l'amorçage. Il est conseillé de ne jeter dans l'eau que quelques asticots à la fois, car les poissons entrent en compétition les uns avec les autres et, en raison de leur avidité, ils ingèrent parfois les asticots entiers sans les écraser. Les larves ingérées dans cet état, toujours vivantes et agitées à l'intérieur du poisson, peuvent causer des dommages irréparables à l'intestin du poisson et provoquer une agonie longue et douloureuse.

Le ver de terre est sans aucun doute l'un des appâts vivants les plus polyvalents et efficaces. Il existe trois principales espèces de vers que nous pouvons utiliser pour la pêche : le ver de terre, le ver d'eau et le ver de fumier. Cet appât s'est avéré être très efficace pour capturer une large gamme de poissons, des plus petits aux gigantesques silures. Sa polyvalence est un grand avantage.

Pour les avoir rapidement à disposition, il est possible de les élever dans un sceau ou un récipient aménagé en vivier. Ce récipient doit être rempli de terre riche en humus, maintenu humide et frais, en ajoutant occasionnellement des déchets alimentaires tels que des salades, des légumes ou des fruits. Si vous les maintenez correctement, vous aurez une réserve suffisante de vers pour chaque session de pêche. Il suffit de les prendre au moment voulu et de replacer avec soin ceux qui restent à la fin de la journée.

Le ver de terre peut être utilisé entier sur l'hameçon pour attraper des poissons de taille moyenne à grande, ou coupé en morceaux pour des poissons de taille moyenne à petite. Son efficacité est particulièrement évidente de début septembre à l'automne, surtout pendant les périodes de pluie, lorsque le ver de terre devient une esche imbattable. L'emploi du ver de terre reste efficace jusqu'au printemps suivant.

Pendant les mois d'été, le ver de terre est moins disponible car la chaleur estivale les oblige à rester cachés à une bonne profondeur dans le sol. Cependant, en alternative, vous pouvez envisager d'utiliser de gros escargots, qui s'avèrent particulièrement efficaces pour la capture du black-bass.

J'ai personnellement expérimenté ce procédé dans une carrière près de chez moi, en utilisant la technique de la ligne libre.

Cette technique est très captivante et amusante, et je vous la recommande vivement également.

Pour pratiquer la technique de la ligne libre, j'ai utilisé une canne à mouche en carbone mixte de 8 pieds avec une soie flottante DTF 5.

A cette extrémité de la ligne, j'avais attaché 1,5 mètre de nylon de 0,25 mm sur lequel j'avais lié un hameçon droit de taille 4 appâté avec un ver de terre entier.

La façon de pêcher était très simple : je lançais dans le sous-bois dense bordant la rive. Une fois dans l'eau, je laissais traîner la ligne, y compris le bout, et j'observais lentement le fil descendre. Le seul poids était celui du ver de terre qui descendait de manière très naturelle. Parfois, la descente n'était même pas terminée car le nylon s'arrêtait brusquement avant de repartir en emportant avec lui le bas de ligne. C'était le signe que le black-bass avait avalé l'appât. Je n'avais plus qu'à ferrer.

Si vous n'avez pas de canne à mouche, vous pouvez très bien utiliser une canne fixe de 4 à 5 mètres pour cette technique. Il vous suffit de fixer à l'extrémité une cordelette de nylon légèrement plus courte que la longueur de votre canne, sur laquelle vous attacherez un fil de nylon de 0,25 mm, mesurant environ 1 mètre, sur lequel vous ne fixerez que l'hameçon. La manière de pêcher sera identique.

Cette carrière regorgeait de black-bass. Souvent, il m'arrivait de me retrouver à court de vers de terre, mon instinct me poussait alors à chercher dans les environs un appât qui me permettrait de continuer à pêcher.

Sous de grands arbres près de la rive, j'ai remarqué des pierres recouvertes d'une végétation dense, le sol était humide grâce à la zone ombragée.

Sur un coup de tête, j'ai immédiatement regardé sous ces pierres, en les soulevant, et j'ai constaté que la terre était fraîche et douce. J'ai vu de gros escargots et des vers de terre essayant de se cacher dans quelques trous du sol. Sans hésiter, j'ai pris mon récipient pour les appâts et j'ai commencé à ramasser à la fois les vers de terre et les escargots.

Au départ, j'étais un peu sceptique quant à l'idée d'utiliser des escargots comme appâts, mais en tentant l'expérience, j'ai découvert qu'ils étaient tout aussi appréciés par les black-bass. La quête et la trouvaille des appâts directement sur le lieu de la pêche offrent une satisfaction profonde et vous imprègnent de l'essence même de l'art du pêcheur. Cela vous offre une vision plus éclairée de l'alimentation des poissons dans cette région et durant cette saison. Ce sont des souvenirs et des expériences d'un passé révolu que je chéris avec tendresse.

L'appât philosophal

Nombre d'entre nous, pêcheurs aguerris, après avoir expérimenté avec succès divers types d'appâts, cherchent une solution plus simple : un appât propre, facilement accessible et pratique à préparer soi-même.

L'essentiel est que cet appât soit polyvalent, efficace pour capturer une large gamme d'espèces de poissons et adapté à diverses techniques de pêche.

J'ai expérimenté cet appât dans les eaux douces, que ce soit dans les torrents ou les rivières. Les chevesnes et les barbeaux l'ont grandement apprécié, tout comme les carpes, les carassins, les vairons et bien d'autres poissons encore.

En mer, il se révèle être un joyau, doublé d'une excellente amorce. Cet appât philosophal me comble de satisfactions tant nombreuses qu'imprévues. Mes amis, il s'agit tout simplement du pain.

Come innescare il pane asciutto

Infilare l'amo facendolo uscire dal sotto

girare l'amo

tirare su l'amo penetrando il fiocco di pane e pressarlo parzialmente sulla paletta

Come innescare il pane bagnato

Prendere una piccola porzioncina e ricoprire appena l'amo

Fig 29 : *Comment appâter avec du pain sec ; insérer l'hameçon en le faisant sortir en dessous ; remonter l'hameçon dans la partie molle du pain et en le pressant partiellement sur la palette ; comment appâter avec du pain mouillé ; prendre une petite portion et recouvrir entièrement l'hameçon.*

Nous pouvons l'appâter à la fois sec et mouillé ; les mulets en raffolent, se précipitant avidement en bancs sur les petits morceaux de pain jetés dans l'eau pour les dévorer en un instant.

Même les oblades, les bogues, les saupes, les sarguets, les mérous, les rascasses, les gobies, les marbrés, des liches étoiles apprécient beaucoup le pain. Vous pouvez aisément le constater en regardant les vidéos ma chaîne YouTube « Lelio Pesca ».

J'ai appâté en pain en pratiquant de nombreuses techniques différentes, et avec chacune d'elles, j'ai toujours obtenu d'excellents résultats.

J'ai pratiqué la pêche du flotteur à l'anglaise, avec un flotteur plombé, avec la bombette en récupérant l'appât avec de courtes pauses et quelques animations semblables au spinning. Même en pêche légère au rock, j'ai pu réaliser de nombreuses prises, comme des mérous, des rascasses, des gobies, des demoiselles et parfois quelques saupes, oblades et sarguets.

Même la technique du « bread drifting » a donné de bons résultats : je voyais les poissons arriver de toutes parts et souvent, ils n'attendaient pas que le pain coule avant de l'attaquer immédiatement.

J'ai voulu expérimenter en mer des techniques habituellement pratiquées en eau douce telles que la Tenkara et la pêche au fouet.

En pêchant à la Tenkara et en appâtant avec du pain, j'ai pu capturer facilement à la fois des chevesnes, des oblades, des sarguets, des saupes royales et d'autres types de poissons.

En pratiquant le pêche dans des fonds mixtes, j'ai capturé des poissons que je pensais impossible à pêcher, tels que le pagre et la vieille.

Comme vous pouvez le constater, le pain est un appât qui se prête parfaitement à de multiples techniques et permet d'attraper de nombreuses espèces de poissons, c'est pourquoi je le considère comme un appât philosophal.

Moi aussi, dans mes premières années de pêche en mer, j'utilisais d'autres types d'appâts. J'allais toujours acheter des vers coréens et de la tremoline, mais il y avait toujours le problème de la conservation.

Je me souviens de quelques fois, malgré toutes les précautions que je prenais pour le conserver intact, dès que j'ouvrais la boîte, je trouvais l'appât détérioré.

Je pense que cela vous est également arrivé, vous pouvez comprendre ma déception et ma colère. Cette situation nuisait gravement à toute ma session de pêche.

C'est ce qui m'a poussé à rechercher une alternative, et le pain a résolu le problème de conservation, de préparation et d'accessibilité. Le pain est toujours disponible à la maison, c'est un appât propre et prêt à l'emploi chaque fois que nous décidons d'aller pêcher.

4.

Les Leurres Artificiels

Les leurres artificiels, avec leur mystère et leur potentiel à capturer les poissons, ont toujours exercé sur moi un charme considérable. Lorsque je les ai rencontrés pour la première fois, je me suis demandé comment il était possible qu'un poisson puisse s'attaquer à une proie factice, comme les cuillers tournantes ou ondulantes.

Avec le temps j'ai appris que la véritable habileté et le défi du pêcheur résident dans sa capacité à rendre ces leurres artificiels vivants.

Capturer un poisson avec un leurre artificiel est une source de grande satisfaction, car cela démontre notre habileté et notre ruse dans l'art de la tromperie avec le poisson. Les leurres artificiels sont en constante évolution, avec le marché proposant continuellement de nouveaux modèles de plus en plus modernes arborant des formes et des couleurs innovantes. La publicité les présente souvent comme des leurres extrêmement attrayants par rapport aux précédents, stimulant ainsi l'intérêt du pêcheur pour leur achat.

Moi aussi au début, j'étais enclin à acheter autant de leurres que possible, persuadé qu'en possédant une large collection, j'aurais plus de chances de succès. En théorie, cette affirmation est plausible.

Cependant, avec un grand nombre de leurres à sa disposition, on finit souvent à les changer fréquemment, sans se concentrer sur l'utilisation appropriée de l'artificiel.

En réalité, tous les leurres artificiels ne fonctionnent pas de la même manière dans toutes les situations. Ce sera l'expérience, à chaque fois, qui vous indiquera quel modèle est le meilleur à utiliser.

Partant de la base, il est important que les pêcheurs débutants connaissent quelles esches ont permis à des générations entières de pêcheurs de capturer avec succès.

La Cuiller Tournante

Les leurres les plus répandus dans le monde de la pêche, depuis les temps anciens sont les cuillers. Leurs origines remontent à une période très lointaine, certains affirment que les premières cuillers auraient été utilisées à la fin des années 1800 par des pêcheurs qui les fabriquaient eux-mêmes.

Ces pêcheurs utilisaient des cuillers de cuisine percées, auxquelles ils fixaient un petit hameçon à l'extrémité et un mousqueton ou un dispositif similaire sur le dessus, qui était relié à la ligne principale. De cette pratique découle le nom « cuiller ».

Les cuillers se divisent principalement en deux catégories : rotatives (tournantes) et ondulantes. Les cuillers tournantes sont constituées d'une palette qui tourne autour d'un axe en fil d'acier inoxydable. Le corps de cet axe est généralement plombé, avec un poids variable en fonction de la distance souhaitée pour le lancer.

Intégrées dans le corps se trouvent également de petites perles qui captent la lumière, attirant ainsi l'attention du prédateur et l'incitant à attaquer le leurre. La cuiller tournante demeure l'une des préférées des pêcheurs adeptes à la pêche au lancer. Au fil du temps, les fabricants ont développé une vaste gamme de modèles, adaptés aussi bien à la pêche ultra légère qu'à la capture de poissons de grande taille.

Ce leurre polyvalent se montre efficace pour divers types de prédateurs, illustrant à quel point une simple cuiller tournante peut procurer de nombreuses prises.

Je peux moi-même confirmer tout cela, car c'était mon premier leurre avec lequel j'ai capturé des truites, des perches, des black-bass, des chevesnes, ainsi que d'autres poissons occasionnels.

Il m'est même arrivé d'attraper des poissons-chats africains et des brochets, dont un d'1mètre 20, capturé grâce à une cuiller Martin de 28 grammes avec un nœud rouge sur l'hameçon.

Par simple curiosité, j'ai décidé d'expérimenter l'utilisation de la cuiller tournante également en mer, même si je n'y ai consacré qu'une brève période. Je me souviens avoir pris quelques vives, ce qui me laisse à penser que même dans les environnements marins, la cuiller tournante peut réserver d'agréables surprises. Lé récupération de la cuiller tournante est très simple : une fois lancée dans l'eau, il suffit de la ramener de manière constante et linéaire.

Matériaux nécessaires :

- fil d'acier inoxydable d'un diamètre de 0,5 mm
- une plaque de métal léger (ou un bouchon de bouteille de boisson gazeuse) pour la palette
- deux perles (une plus petite et une plus grande)
- un plomb percé en forme d'olive pour le corps
- un petit hameçon ou un hameçon sans ardillon

Outils recommandés :

- une pince
- un marqueur
- une cisaille
- une lime

- un clou
- un marteau

Commençons la fabrication de notre leurre par la palette, que nous pouvons réaliser en utilisant une plaque de métal léger disponible dans un magasin de bricolage ou même un bouchon de bouteille de bière.

Pour créer la palette de notre leurre, commençons par dessiner sa forme ovale sur ce matériau à l'aide d'un marqueur. Ensuite, utilisons une cisaille solide pour découper le contour dessiné.

Si vous souhaiter réaliser la palette avec un bouchon de bouteille de boisson gazeuse, commencez par l'écraser avec un marteau pour l'aplatir. Vous pouvez ensuite dessiner la forme ovale désirée sur sa surface et procéder à la découpe. Cela constituera votre palette, un composant clé de notre leurre.

Une fois notre palette prête, il est temps de pratiquer un trou dans sa partie supérieure. Marquez l'emplacement du trou avec un marqueur. Ensuite, prenez un clou, placez-le sur le point marqué et commencez à le frapper avec le marteau jusqu'à ce que le trou soit percé.

Une fois cela fait, prenez une lime de fer et lissez le tout, en travaillant les bords du périmètre, la surface et les bords du trou. Peu importe ce que vous avez utilisé pour fabriquer la palette, vous devrez lui donner une forme concave similaire aux modèles disponibles dans le commerce, comme le modèle Martin, et vous pouvez le faire en vous aidant d'une pince.

La couleur de la palette est importante : si vous avez utilisé un morceau de métal, polissez-le soigneusement jusqu'à ce qu"il reflète de magnifiques reflets argentés. Si vous avez plutôt employé un bouchon de bouteille, vous pouvez choisir de la laisser telle quelle ou de la peindre selon vos préférences.

Maintenant, prenons le fil d'acier et sur le côté droit, formons une petite boucle de fermeture comme illustré dans le schéma. Pour ce faire, saisissez l'extrémité du fil d'acier et enroulez-la deux ou trois fois autour d'un petit clou.

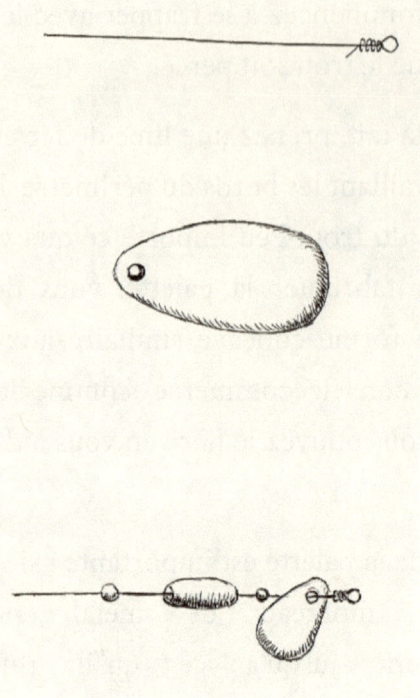

Une fois la petite boucle de fermeture réalisée, insérez la palette du côté gauche, puis une petite perle, ensuite le corps en plomb, et enfin la plus grande perle. Vous pouvez mieux comprendre cette séquence en regardant le schéma.

Arrivés à ce stade, il ne reste plus qu'à créer un crochet sur la gauche à l'aide d'une pince. Ensuite pliez l'extrémité d'un centimètre comme illustré dans la partie gauche du schéma, où l'hameçon ou l'agrafe seront insérés. Observez la flèche près de l'hameçon sur la figure, le dernier centimètre du fil d'acier devra être aligné de manière parallèle avec l'autre partie de ce fil d'acier.

Ce pliage nous permettra de fixer solidement l'agrafe ou l'hameçon. Ensuite, prenez la plus grande perle et faites-la glisser vers la gauche afin de bloquer le crochet créé.

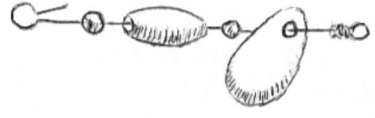

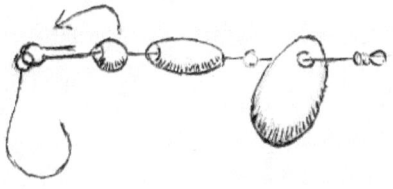

Et voilà ! Notre leurre artisanal est maintenant prêt à être utilisé. Ce processus de construction simple nous permet de créer des appâts personnalisés qui peuvent s'avérer être très efficaces. Il ne vous reste plus qu'à vous amuser à tester vos créations lors de vos prochaines sorties de pêche.

La Cuiller Ondulante

Nous avons précédemment mentionné que les cuillers se divisent principalement en deux catégories : tournantes et ondulantes. Eh bien, maintenant, nous allons nous concentrer sur les ondulantes, complètement différentes des tournantes. Leur forme est conçue pour imiter ou donner l'idée d'un petit poisson.

La cuiller ondulante a un corps entièrement fabriqué en métal, avec des variations de poids qui permettent de pêcher à mi-eau ou en profondeur.

Pour exploiter au mieux la cuiller ondulante, nous pratiquerons généralement la pêche en descente, en suivant le courant de l'amont vers l'aval. Par temps de fort courant, il est possible de laisser immobile en maintenant la canne basse et tendue. Le courant lui-même donnera du mouvement au leurre. De temps en temps, il sera nécessaire de donner plus de mou à la cuiller ondulante pour explorer une zone d'eau plus étendue.

Personnellement, j'ai obtenu de remarquables succès en suivant cette technique, capturant de nombreux chevesnes dans la rivière de ma ville, Prato : le Bisenzio.

Les ondulantes en métal plus léger peuvent également être ramenées en surface. Pour cela, il est nécessaire d'effectuer des récupérations saccadées avec des pauses régulières. Ce mouvement ondulant imitera un poisson en détresse, attirant ainsi l'attention des prédateurs et les incitant à attaquer.

Dans le bon vieux temps, les ondulantes arboraient des couleurs plus simples, souvent argent ou doré. Je me souviens d'avoir utilisé des ondulantes argentées les jours de ciel nuageux, dans des eaux troubles ou à l'ombre des arbres. Par contre, les ondulantes dorées étaient mes préférées dans les eaux claires et lors des journées ensoleillées.

Comme vous pouvez le constatez, le choix du leurre artificiel approprié est relativement simple. Il suffit de prendre en compte les contrastes de lumière en fonction des conditions de l'eau et de la météo. Le mouvement de récupération de l'ondulante est sensiblement différent de celui de la cuiller tournante. Il ne doit pas être linéaire, mais plutôt caractérisé par de courtes pauses, de petites saccades et des relâchements avec des changements continus de vitesse.

Il ne tient qu'à vous de rendre vivant un objet inanimé en simulant un poisson qui se débat avec un mouvement irrégulier, semblable à celui des feuilles sèches qui tombent en automne. Ces feuilles ne tombent pas directement sur le sol, mais oscillent légèrement d'un côté à l'autre. Le même principe s'applique à votre cuiller ondulante. Il est évident que chaque pêcheur personnalisera son propre style de récupération et obtiendra des résultats différents.

La cuiller ondulante peut aussi être efficace en spinning en mer, que ce soit depuis le bateau à la traîne, depuis les récifs ou depuis les plages à fonds mixtes. Elle est particulièrement performante près des embouchures des rivières. Les meilleurs moments pour l'utiliser sont pendant les changements de lumière du jour, à l'aube ou au crépuscule.

Matériaux nécessaires :

- un petit morceau de métal de 1 ou 2 mm
- deux anneaux métalliques
- une ancre ou un crochet sans ardillon
- peintures émaillées, acryliques ou en bombe

Outils recommandés :

- une lime
- une scie sauteuse
- un étau d'établi
- un foret avec une tête en acier
- une pince

Tout d'abord, commencez à dessiner la forme souhaitée de la cuiller sur le petit morceau de métal. Vous pouvez lui donner une forme similaire à la figure ou à toute autre forme que vous jugez attrayante pour le poisson.

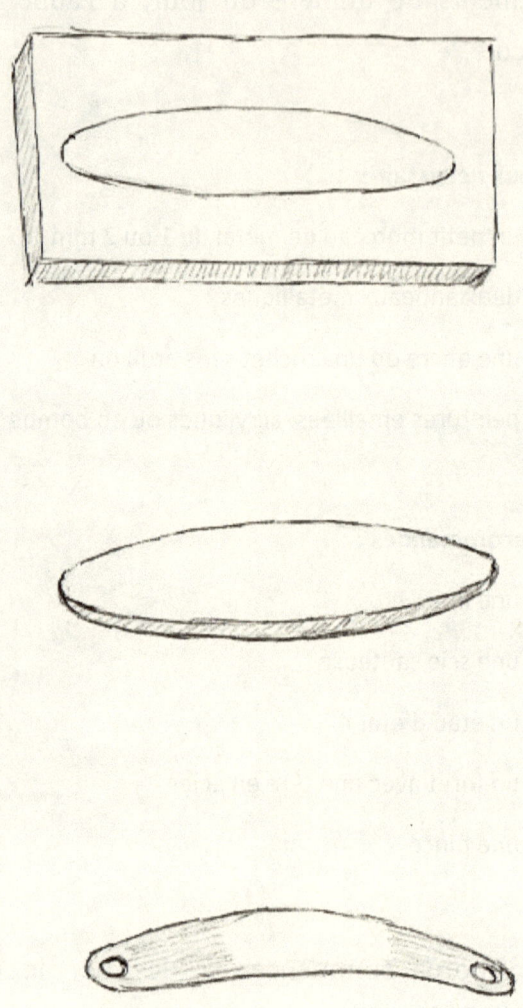

Naturellement, vous pouvez vous procurer la pièce de métal chez un quincaillier si vous ne parvenez pas à la recycler à partir de vieux objets.

Placez maintenant le métal dans un étau et fixez-le correctement.

Utilisez une scie à métaux pour découper le morceau de métal en suivant le contour de votre dessin. Assurez-vous de suivre attentivement le tracé du dessin.

Utilisez une perceuse avec foret métal pour percer deux trous aux extrémités du leurre.

Maintenant, vous devrez limer les bords avec une lime pour les rendre lisses et sans arêtes vives.

Avec une pince, pliez légèrement la cuiller pour lui donner une forme de banane. Cette courbure sera très utile lors de la récupération de l'appât, notre leurre simulant la nage d'un petit poisson.

Maintenant vous aurez besoin de 2 petits anneaux métalliques que vous pouvez vous procurer facilement dans les magasins d'articles de pêche. Placez ces anneaux dans les trous que vous avez créés aux extrémités du leurre. Un anneau servira à attacher la cuiller au mousqueton de la ligne principale, tandis que l'autre servira à insérer l'hameçon ou l'agrafe.

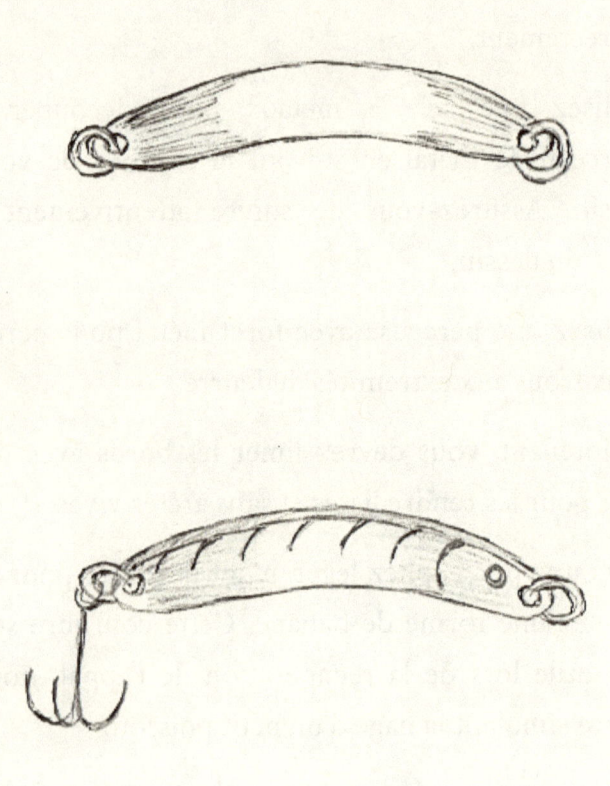

Maintenant, vous pouvez passer à la phase de coloration. Si vous le souhaitez, vous avez la possibilité de rendre le leurre plus attractif pour les poissons avec des peintures émaillées, acryliques ou en bombe. Vous pouvez le personnaliser en vous inspirant des leurres que vous avez dans votre boîte de pêche, ou à partir des différents catalogues d'articles de pêche.

Le Minnow (Poisson Nageur)

A présent, voyons comment fabriquer un minnow mais tout d'abord de quoi s'agit-il ?

Les minnows ne sont rien d'autre que des imitations de petits poissons, plus ou moins fidèles à la réalité. Certains sont faits en bois de balsa, tandis que d'autres sont produits en matière plastique avec une lame en acier inoxydable à l'intérieur. Cette structure métallique sert de support pour fixer des hameçons triples ou mieux encore, des hameçons sans ardillon, particulièrement adaptés à ceux qui pratique le « Catch & Release ».

Les minnows peuvent être conçus soit flottants, soit plongeants. Les modèles flottants varient en fonction de la longueur de la palette, les plus courtes étant utilisées pour la pêche en surface, tandis que les palettes plus longues et plus prononcées permettent de faire travailler le minnow à des profondeurs plus importantes.

De plus, les minnows peuvent être entiers ou articulés. Cette dernière variété offre un mouvement sinueux et attrayant, adapté à différents types d'eaux, tant douces que salées. Pour la pêche en mer, il existe de nombreux modèles disponibles, différenciés par leurs tailles et leurs formes particulières.

Le marché des leurres artificiels est en constante évolution et propose toujours de nouveaux modèles, plus modernes et attrayants. Les pêcheurs les plus exigeants auront vraiment l'embarras du choix. En fonction du modèle, ces leurres conviennent à différents types de prédateurs, que ce soit pour la pêche à la traîne en bateau, ou pour la pêche au lancer depuis la berge.

Les premiers minnows que j'ai utilisés et qui m'ont procuré de grandes satisfactions étaient de la marque « Rapala ». En parcourant un catalogue de vente par correspondance, j'ai été fasciné par ces modèles : ils étaient argentés avec le dos sombre, et en les observant attentivement, j'ai remarqué qu'ils représentaient une parfaite imitation d'un petit poisson. Au début, j'étais un peu sceptique et dubitatif sur l'efficacité des minnows. Il me semblait presque impossible qu'un prédateur puisse se tromper et les prendre pour de vraies proies.

Je pense que ces doutes sont ressentis par beaucoup d'entre nous au début, mais en pêchant, on se rend compte qu'ils fonctionnent très bien et leurs mouvements dans l'eau n'ont rien à envier à ceux d'un vrai petit poisson.

Avec ce modèle, j'ai pu capturer des black-bass, des truites, des perches communes et des chevesnes, et parfois même des poissons occasionnels qui attaquent inexplicablement le minnow.

La première fois que j'ai pêché avec un minnow, j'ai réussi à attraper quelques black-bass. A l'époque, j'étais à Donoratico, dans la province de Livourne, en Toscane. En discutant avec quelques amis, j'ai appris qu'il y avait un petit étang près de mon camping, où je passais mes vacances avec ma famille.

Explorer cet endroit a été une véritable aventure car je n'avais aucune indication précise de son emplacement. L'étang était situé dans une campagne magnifique, traversée par des sentiers longeant des champs de tournesols, de sainfoin et de maïs, entourés d'arbres fruitiers. Pendant que je cherchais l'étang, j'avais l'impression à l'intérieur d'un tableau des peintres Macchiaioli, d'une beauté naturelle à couper le souffle.

Après avoir emprunté quelques chemins erronés, j'ai finalement réussi à découvrir l'étang. Empli d'excitation et de bonheur, je me suis immédiatement lancé à la recherche du lieu idéal pour la pêche. Les eaux près des rives de l'étang étaient relativement basses, et j'ai tout de suite remarqué la présence de nénuphars et de touffes d'algues qui ornaient le cadre.

Cet environnement m'a rappelé certains articles de pêche que j'avais lus auparavant. Les magazines suggéraient de lancer près des nymphéas et des algues, car c'était l'endroit idéal pour rencontrer le black-bass. Sans hésitation, j'ai monté ma canne à pêche, et j'ai fixé à l'agrafe un minnow argenté de 10 cm de chez Rapala comme leurre artificiel.

Je dois être honnête, je n'étais pas très convaincu de réussir à attraper quelque chose. Au pire, je me suis dit que je pratiquerais un peu, dans l'intention d'observer le mouvement de ce minnow dans l'eau et de comprendre comment il se déplace et comment l'utiliser correctement pendant la récupération.

J'ai lancé près des feuilles de nénuphars en maintenant le minnow immobile pendant 10 secondes, et une fois que les cercles concentriques de l'impact dans l'eau se sont dissipés, j'ai commencé à déplacer timidement le leurre en alternant avec de courtes pauses.

Progressivement, j'ai accéléré le mouvement du leurre, imitant ainsi un petit animal tombé à l'eau dans un environnement inconnu. Il semblait vouloir prudemment évaluer les éventuels dangers avant de se déplacer avec assurance.

Soudain, sous les feuilles flottantes de ces nénuphars, j'ai vu surgir une silhouette verte. Elle est sortie de l'eau et a happé le minnow. J'ai ferré immédiatement et j'ai tout de suite senti la pointe de ma canne se secouer vigoureusement. Incroyable ! J'avais réussi à provoquer l'attaque d'un black-bass.

Dans les brefs instants où le black-bass est sorti de l'eau, j'ai observé ses vigoureux mouvements de tête, signe qu'il cherchait à se libérer de l'hameçon. A sa retombée dans l'étang, un retentissant « splash » a accompagné ses mouvements de queue, agitant les eaux alentour. Malgré mon excitation palpable, j'ai maintenu fermement ma tension sur la ligne. L'eau peu profonde ne lui offrait aucun refuge où se dissimuler, facilitant ainsi sa capture jusqu'au rivage.

Mon cœur battait la chamade alors que je vivais pleinement cette scène tant imaginée en parcourant les pages des différents magazines de pêche. Incroyable ! Je peinais à croire ce que mes yeux voyaient ! Ces instants étaient à la fois splendides et mémorables ! Quelle émotion indescriptible !

En arpentant les rives de l'étang peu de temps après, j'ai accroché un deuxième poisson en utilisant la même technique éprouvée : viser près des feuilles, patienter jusqu'à ce que les cercles à la surface de l'eau se dissipent, puis amorcer une récupération lente.

Je jubilais, peinant presque à croire à ma propre réussite ! Dès ma première utilisation du minnow, j'avais déjà attrapé deux black-bass ! Le retour au campement était empli de rêveries sur les futures prises à venir.

En appliquant cette même technique dans les rivières aux eaux calmes et en usant du minnow comme leurre, j'ai eu la satisfaction de capturer de nombreux autres poissons. Ce constat m'a permis de saisir une leçon primordiale : il ne faut jamais abandonner ce qui a fait ses preuves.

Fasciné par ces minnows que j'avais vus en magasin, j'ai voulu essayer de les fabriquer moi-même et je vais vous montrer comment j'ai procédé.

Matériaux nécessaires :

- une plaquette en bois de balsa
- un fil d'acier inoxydable d'une épaisseur de 0.6 ou 0.7 mm

- un morceau de plastique rigide transparent pour la palette
- deux petits anneaux métalliques
- deux petites ancres ou des hameçons sans ardillon
- fil ou feuille de plomb à insérer à l'intérieur du minnow
- peintures émaillées, acryliques ou en bombe
- mastic à bois
- colle à prise rapide

Outils recommandés :
- étau d'établi
- scie à bois
- papier de verre
- pince
- un clou

Commençons par esquisser la silhouette de notre minnow sur une plaquette de bois de balsa. Vous pourrez trouver ce matériau dans les magasins spécialisés en modélisme. Le balsa est un bois tendre, idéal pour notre projet de construction.

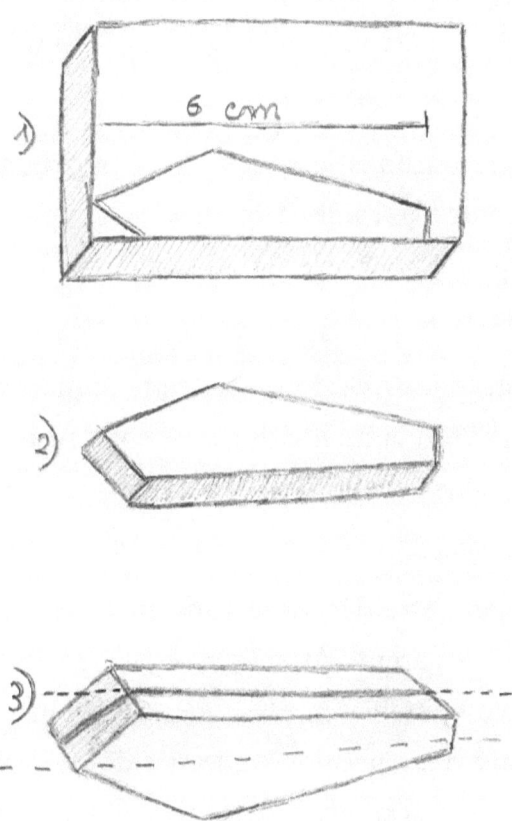

La silhouette devrait évoquer celle d'un petit poisson. Alors, laissez libre cours à votre créativité et expérimentez différentes formes jusqu'à ce que vous trouviez celle qui vous convient le mieux.

Ensuite, fixez la plaquette dans un étau et utilisez une scie à bois pour découper le contour de notre minnow. Assurez-vous de suivre le dessin avec précision.

A présent, retournons la silhouette et traçons une ligne au centre à l'aide d'une règle. Cette ligne servira de guide pour scier le minnow dans le sens de la longueur.

Maintenant, scions le long de cette ligne pour atteindre environ la moitié des deux côtés. Ensuite, pratiquons une coupe oblique pour insérer la palette.

La palette peut être découpée dans un morceau de plastique transparent. Attention, je ne parle pas d'une simple bouteille en plastique, qui serait trop souple, mais d'un plastique plus rigide et dense. Personnellement, j'ai récupéré le mien à partir d'une boîte transparente pour la conserve des aliments que j'avais à la maison.

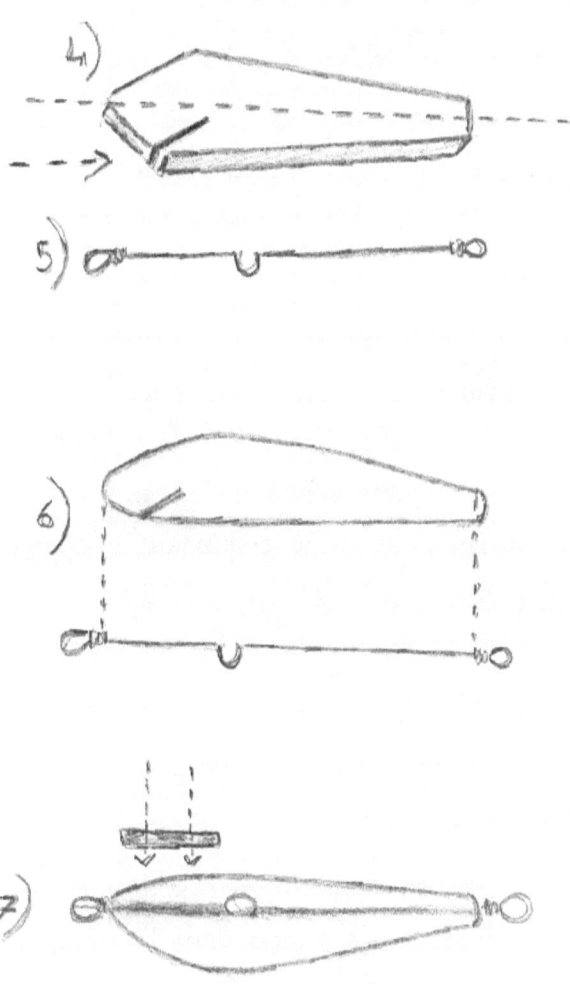

Une fois l'ensemble terminé, vous pouvez utiliser un papier de verre fin pour adoucir les angles et rendre la forme aussi lisse que possible et aussi proche d'un véritable petit poisson.

Maintenant, nous devons préparer l'armature en acier, qui sera le cœur de notre minnow. Prenez un fil d'acier, et à l'aide d'une pince, façonnez-le selon le schéma.

Pour créer les anneaux avant et arrière sur le fil d'acier, prenez un clou et enroulez-le autour de celui-ci en faisant deux ou trois tours, comme nous l'avons vu précédemment lors de la fabrication de la cuiller tournante. Ensuite, en partant du centre et en vous déplaçant vers la gauche, effectuez un pliage en forme de « U », tel que suggéré par le schéma.

Une fois l'ensemble terminé, placez l'armature à l'intérieur du minnow de manière à ce que les deux anneaux dépassent à l'extérieur du leurre.

Afin de garantir l'équilibre et la bonne nage du minnow, insérons le plomb dans l'interstice entre l'anneau central et la tête de l'appât. Appliquons également quelques gouttes de colle à prise rapide pour fixer solidement le tout. Ensuite, utilisons du mastic à bois pour remplir la fente ainsi formée, puis laissons sécher pendant 24 heures. Enfin, procédons à un lissage minutieux de la surface à l'aide de papier de verre fin.

A présent, avant d'introduire la palette en plastique transparent rigide, il est crucial d'appliquer quelques gouttes de colle à l'intérieur de la fente oblique que nous avions préalablement réalisée. Ensuite, insérons délicatement la palette dans la fente.

Maintenant, il est temps d'apporter de la couleur au minnow selon vos envies. Inspirez-vous des modèles qui vous plaisent ou créez vos propres combinaisons de couleurs uniques. Laissez libre court à votre imagination.

Enfin, fixons les anneaux au minnow pour attacher les hameçons ou les ancres.

Désormais, votre minnow est prêt pour vos aventures de pêche. Amusez-vous bien.

5.

La Pêche à la Mouche Artificielle

La pêche à la mouche artificielle est largement considérée comme la forme la plus pure et la plus fascinante de pêche. Cette technique possède une histoire très intéressante dans notre région, ayant été introduite par les Anglais.

Aujourd'hui encore, de nombreux modèles de mouches artificielles utilisés dans cette technique portent des noms anglais, et les mesures des cannes à mouches sont exprimées en pieds (un pied équivaut à environ 30,48 cm). Cette tradition et cette terminologie confèrent toujours une touche d'authenticité et d'histoire à cette forme de pêche, qui implique une connexion étroite entre le pêcheur, l'équipement et la nature environnante.

Ma première canne à mouche était en fibre de carbone et mesurait 8 pieds. Je me souviens avoir suivi un cours de pêche à la mouche pour apprendre la technique de lancer.

Le cours que j'ai suivi a complètement changé ma perception de la pêche : ce n'est pas tant le poisson que l'on attrape qui importe, mais la manière dont on l'attrape !

J'ai appris le respect de l'environnement et surtout des poissons. Je garde toujours propre le lieu de pêche pendant mes sessions et je pratique toujours la pêche en relâchant les poissons que je capture (catch & release).

Dans ma pratique de pêche à la mouche, je dois avouer que je n'ai jamais été un grand lanceur. Pour moi, réussir à sortir quelques mètres de soie du moulinet était largement suffisant et je ne me préoccupais pas tellement de pouvoir lancer à de grandes distances.

Les lancers que je réalisais permettaient quand même aux poissons à mordre à mes mouches, donc cela me convenait parfaitement.

Ma technique de pêche était une expérience complètement immersive. Revêtu de mes cuissardes, avec une extrême prudence, je m'immergeais dans l'eau, avançant lentement pour ne pas troubler les poissons. Mon objectif principal était toujours de m'approcher le plus près possible, faisant ainsi de la pêche à la mouche sèche un art de l'approche en remontant le cours de la rivière.

L'objectif était de reproduire le plus fidèlement possible le comportement naturel des mouches, cherchant à attirer l'attention des poissons. Cette technique nécessitait beaucoup de patience et de compétence, car je devais étudier l'attitude des poissons et adapter ma présentation de mouches à la situation.

Progresser à contre-courant m'offrait une occasion unique d'observer de près l'écosystème aquatique et d'étudier le comportement des poissons.

C'était une expérience captivante qui nécessitait une approche délicate et respectueuse envers la nature et l'environnement.

Cette pêche reposait non seulement sur la technique, mais également sur la compréhension du monde sous-marin et sur l'art d'attirer discrètement et efficacement l'attention des poissons.

En observant les rivières et les torrents, je remarquais que dans la plupart des cas, les poissons se tenaient avec le museau dirigé vers l'amont. Ainsi, remonter le cours du fleuve était idéal, car le poisson ne pouvait ni me voir ni m'entendre, surtout grâce au léger courant qui m'accompagnait.

Je me positionnais toujours au centre, lançant aussi bien du côté droit que du côté gauche, là où la distance par rapport aux rives et la profondeur le permettaient.

Mes endroits favoris se situaient sur les rives bordées d'arbre et de végétation environnante, où les plantes généraient des zones d'ombre dans l'eau. C'était là que les poissons se tenaient tranquillement en attente de proies.

Dans les zones où la végétation est abondante, on trouve également une grande quantité d'insectes qui volent et tombent dans l'eau, particulièrement lors des chaudes soirées d'été.

Le Bisenzio était ma rivière préférée, je la connaissais très bien. J'avais appris à repérer chaque cachette du poisson, principalement des chevesnes, toujours à l'affût de tout insecte qui tombait accidentellement dans l'eau

C'est là le secret de la pêche : il faut toujours comprendre où se trouve le poisson si l'on veut le pêcher en gaspillant le moins de temps possible dans sa recherche.

Ces observations simples mais attentives vous permettront de développer votre intuition et vous aideront à mieux comprendre l'écosystème aquatique, ce qui réduira le nombre de lancers tout en vous assurant que chacun d'eux vise directement le poisson.

La pêche à la mouche n'est pas uniquement pratiquée avec une canne et un moulinet, mais peut être également réalisée avec des techniques plus simples telles que la pêche au tenkara, la pêche à la valsesiana, ou encore à la fronde.

Un avantage majeur de ces techniques est leur accessibilité à tous : nul besoin de lancer la mouche très loin car le poisson peut être plus proche qu'on ne le pense, à condition de savoir l'identifier. Ces méthodes peuvent être pratiquées avec un équipement simple et léger, ce qui facilite les déplacements d'un endroit à un autre avec un minimum d'encombrement. Pour cela, une simple canne, une ligne et un fil de nylon de la longueur de nos bras, auquel nous attachons notre mouche, sont tout ce dont nous avons besoin.

Bien sûr, nous emporterons avec nous quelques mouches de rechange, soigneusement conservées dans une petite boîte à mouches placée dans notre gilet de pêche ou dans les poches de notre pantalon.

J'ai pratiqué ces techniques avec des cannes que j'ai construites moi-même en bambou, et je peux vous garantir que malgré l'équipement simple, ces techniques sont vraiment redoutables.

Pour la pêche à la mouche, il n'y a pas de limites : nous pouvons la pratiquer dans tous les types d'eau, des petits torrents de montagne aux grands fleuves de plaine, dans les petites carrières et les lacs où nous chercherons les bons endroits pour lancer nos mouches.

Près de chez moi, dans une ancienne carrière, je pêchais souvent le bar avec ma canne à mouche équipée d'une soie flottante. Je fabriquais moi-même de gros streamers et des poppers avec un corps en liège et des plumes colorées.

Ma technique consistait à lancer les leurres juste en dessous de la rive, près du banc d'algues. Dès que le leurre touchait l'eau, le bar l'attaquait immédiatement, sautant hors de l'eau avec ses bonds spectaculaires.

À courte distance de la rive, des branches dénudées émergeaient de l'eau, sur lesquelles les libellules se posaient. Souvent, les black-bass les attrapaient en vol avant même qu'elles ne puissent se poser sur ces branches ; c'était le signe que les black-bass étaient en chasse. Dans ces moments-là, je pouvais les pêcher avec des mouches ou des imitations de libellules ou de poppers. Vous n'avez pas idée du nombre de bass que j'ai réussi à capturer lors de mes sessions de pêche.

Cela se produisait parce que je connaissais très bien ma zone de pêche, et avant de commencer à pêcher, je consacrais toujours quelques minutes à observer attentivement les eaux, pour comprendre si les black-bass étaient au fond ou en surface. Savoir lire les eaux est très important ; si nous ne voyons aucune activité en surface, aucun cercle provoqué par des insectes ou des poissons, cela signifie que le poisson ne monte pas ou qu'il est stationnaire dans ses zones d'attente, c'est le moment de le pêcher en profondeur.

En revanche, si nous voyons des mouvements à la surface de l'eau, comme les cercles classiques, alors c'est le bon moment pour le viser avec des leurres de surface.

Le black-bass est souvent qualifié de challenge et de plaisir par de nombreux pêcheurs, car c'est un poisson apathique : quand il ne veut pas mordre à nos leurres, rien ne le fera changer d'avis.

En revanche, quand il est en chasse, nous pouvons le viser avec n'importe quel leurre. J'ai aussi pêché le black-bass dans d'autres étangs, mais ce n'était pas la même chose. Cette carrière, je m'en souviens encore avec beaucoup de nostalgie, elle est restée dans mon cœur.

Malheureusement, comme c'est souvent le cas, les belles choses ont une fin : pour des raisons de sécurité, cette carrière a été clôturée et fermée. Cela m'a beaucoup attristé, mais j'ai dû accepter cette réalité.

Les Mouches Artificielles

La pêche à la mouche artificielle se divise en trois principales catégories : la mouche sèche, la mouche submergée et la nymphe. Dans chacune de ces catégories, il existe des différences cruciales en termes de technique et d'approche.

Voyons maintenant les différentes distinctions et partageons quelques conseils et astuces spécifiques pour chacune d'entre elles.

La mouche sèche

La mouche sèche est principalement utilisée pendant les mois les plus chauds de l'année, généralement de mai à septembre ou octobre, selon les conditions météorologiques.

Lorsque nous nous préparons pour une journée de pêche à la mouche sèche, il est essentiel d'observer attentivement l'environnement qui nous entoure. Les rives riches en végétation abritent souvent une grande concentration d'insectes qui volent d'un endroit à l'autre.

Ces insectes sont la principale source de nourriture pour les poissons, il est donc essentiel d'apprendre à les identifier et à observer leurs caractéristiques. Cette connaissance nous permettra de présenter une imitation de mouche artificielle qui ressemble le plus possible à l'insecte naturel.

Tout d'abord, nous devons tenir compte de la silhouette de l'insecte que nous voulons imiter. La couleur a moins d'importance dans la mouche sèche, car le poisson voit un corps flottant contre un fond lumineux, vu de bas en haut. Dans ces conditions, les détails de couleur deviennent moins pertinents, seule sa silhouette sera remarquée.

En fin de journée, en observant l'eau, surtout dans les heures précédant le coucher du soleil, vous remarquerez de petits cercles à la surface. Ces cercles sont provoqués par une myriade d'insectes épuisés par le vol ou à la fin du cycle de leur courte vie (comme les éphémères) qui tombent dans l'eau.

Pour le pêcheur, c'est le moment magique de présenter sa mouche. Le poisson, pris dans cette frénésie alimentaire, ne fera pas attention au pêcheur ou à son imitation, mais se concentrera uniquement sur la consommation de plus de mouches possibles, oubliant toute précaution.

Dans la construction de notre mouche sèche, nous utiliserons des plumes avec beaucoup de hackles (les poils de la plume), qui garantiront une bonne flottabilité, en plus de réaliser un corps très léger.

Voici un conseil simple mais efficace pour assurer à votre mouche une flottabilité parfaite : avant de l'immerger dans l'eau, passez une fine couche de vaseline sur le corps du leurre. C'est une méthode économique qui fonctionne très bien.

La mouche noyée

Contrairement à la pêche à la mouche sèche, la pêche à la mouche noyée peut être pratiquée tout au long de l'année et dans toutes les conditions météorologiques.

La pêche à la mouche noyée est une technique très rentable, il est recommandé de la pratiquer en descendant notre cours d'eau de l'amont vers l'aval, en lançant directement à travers le courant. Une fois notre bas de ligne lancé dans l'eau, nous devons maintenir notre canne basse, presque effleurant l'eau, et suivre nos mouches pendant toute la descente, en gardant toujours notre soie de mouche légèrement tendue.

Une fois que les mouches auront terminé leur descente, nous devrons relancer plusieurs fois en augmentant la longueur de notre ligne pour explorer une zone plus large.

Dès qu'une touche se dessine à proximité d'une ou plusieurs mouches, ou si nous remarquons un cercle à la surface et ressentons une légère tension sur la ligne qui est immédiatement transmise à la main, nous devons réagir rapidement.

Comprendre pleinement la différence entre les mouches sèches et les mouches noyées est essentiel, surtout si vous envisagez de les construire vous-même. Alors que pour les mouches sèches, la couleur peut être moins importante, pour les mouches noyées, la teinte et les détails revêtent une importance cruciale.

Cela est dû au fait que le poisson les observe depuis le dessous, bénéficiant d'une lumière qui met en valeur chaque détail de la mouche. Ces indications sont extrêmement précieuses lorsqu'il s'agit de créer des mouches artificielles afin de reproduire avec précision les caractéristiques des mouches naturelles.

Quand nous construisons notre ligne pour la pêche « noyée », il est essentiel de comprendre comment utiliser efficacement les mouches. Dans cette technique, nous utilisons généralement deux mouches que nous pouvons monter sur la ligne en maintenant une distance d'environ 40 à 50 cm entre elles. Cette disposition permet aux mouches de couvrir une plus grande étendue de la rivière, augmentant ainsi les chances de capturer du poisson.

Les mouches noyées les plus adaptées à cette technique sont souvent les classiques "spyder" et peuvent être utilisées dans différentes couleurs :

rouge, orange, noir et jaune. Elles sont vraiment efficaces pour imiter les mouches réelles.

Dans la technique « valsesiana », il est important de noter que jusqu'à trois mouches peuvent être utilisées, permettant ainsi au pêcheur d'explorer davantage l'environnement et d'attirer plus facilement l'attention des poissons dans le torrent. Généralement, on pêche avec trois mouches positionnées à une distance d'environ 35 cm l'une de l'autre, bien que la distance exacte puisse varier en fonction de la largeur du torrent et de la vitesse de l'eau. Les deux mouches les plus proches de la canne sont reliées à l'axe de la ligne par un court "bras" de fil, généralement d'environ 5 cm. Ce groupe de trois mouches liées ensemble est communément appelé le "Trenino Valsesiano".

La pêche à la nymphe

La technique de pêche à la nymphe est une stratégie hautement efficace pour capturer du poisson dans des conditions hivernales ou dans des eaux froides, les poissons demeurant principalement au fond et ne montrant aucune activité en surface. Pendant ces journées plus froides, les poissons cherchent refuge au fond du cours d'eau, le museau dirigé vers l'amont, attendant de capturer les larves ou les nymphes transportées par le courant.

Les larves et les nymphes sont les formes juvéniles des insectes d'eau. Ces créatures se développent dans des environnements aquatiques et sont une partie essentielle du régime alimentaire des poissons. Lorsqu'elles éclosent, ces larves et nymphes n'ont pas encore la force d'atteindre la surface de l'eau, elles sont donc emportées par le courant et restent près du fond. C'est là que la technique de pêche à la nymphe entre en jeu.

Pour la pêche à la nymphe, il est recommandé d'utiliser une canne plus longue par rapport à la pêche à la mouche sèche ou submergée, avec une longueur optimale d'environ trois mètres.

Cette technique exige une bonne maîtrise de la présentation de l'appât et de la gestion du courant. Les pêcheurs doivent savoir positionner leur leurre de manière naturelle le long du trajet des larves et des nymphes transportées par le courant.

Il est important de maintenir la ligne légèrement tendue pour mieux contrôler la dérive de l'appât. Ainsi, il est essentiel de sentir constamment la nymphe suspendue pendant sa descente vers l'aval. Cela permet de ferrer rapidement lorsqu'un poisson touche l'appât, même si parfois il peut sembler qu'il s'est accroché de lui-même.

De plus, il est nécessaire de développer la capacité de détecter les touches légères ou les variations subtiles de pression sur la ligne, ce qui indique qu'un poisson a mordu à l'appât. Cette technique requiert donc un haut niveau de sensibilité et d'habileté de la part du pêcheur.

En ce qui concerne la fabrication de ces nymphes, voici quelques conseils : pour les faire voyager près du fond, nous utiliserons du fil de cuivre ou de plomb enroulé autour de l'hameçon, la quantité à utiliser doit être calculée en fonction de la vitesse et de la profondeur de l'eau, ce qui permettra à notre nymphe d'atteindre la profondeur désirée.

Pour la construction du corps, nous utiliserons des fils de laine, plus ou moins gros, la laine mohair convient également parfaitement. La laine est recommandée pour une raison très simple : en absorbant l'eau, elle permet à notre mouche de couler plus rapidement.

6.

Fabrication des Mouches Artificielles

Après une courte introduction à la pêche à la mouche et quelques indications pour la fabrication artisanale, il est temps de commencer à fabriquer nos premières mouches.

Fabriquer ses propres mouches a toujours été une source de grande satisfaction pour un pêcheur. Parvenir à tromper le poisson en le faisant attaquer notre artificielle est un moment magnifique, indescriptible, qui n'a pas de prix !

Pour y parvenir, il ne faut pas être pressé, mais simplement prendre le temps d'apprendre. Il n'y a rien de difficile ; il suffit de commencer par les montages les plus simples, et avec l'expérience, on se rend compte qu'on peut fabriquer à l'avenir des modèles plus complexes.

De quoi avons-nous besoin pour commencer la construction de nos mouches?

Pour entamer la construction de nos propres mouches, nous avons d'abord besoin d'un étau pour maintenir fermement notre hameçon, qui devra disposer d'un anneau à la place de la palette.

Nous aurons besoin de quelques plumes de coq ou de perdrix, de bécasse ou de faisan pour débuter. Si vous avez des amis chasseurs, n'hésitez pas à leur demander, ils seront heureux de vous en procurer.

Vous aurez également besoin de fils de soie de différentes couleurs, d'un dévidoir, d'une pince à hackles et d'un noueur. Beaucoup de ces outils, je les ai fabriqués moi-même. Vous pouvez voir leur fabrication dans les vidéos que j'ai postées sur ma chaîne YouTube, Lelio Pesca.

La Larve

Pour commencer de la bonne manière, il est recommandé de commencer par la construction d'un modèle très simple, en utilisant des matériaux facilement disponibles.

Ainsi, nous commencerons par la construction d'une larve ; cela vise à imiter le premier stade de développement de l'insecte.

Matériaux nécessaires :

- « hameçons à asticots » ou droits de taille n°10, 12 ou 14
- fil de cuivre
- fils de laine mohair de différentes couleurs, blanc, jaune ocre, vert clair et orange.
- fils de soie colorés (ou de coton)

Outils recommandés :

- un étau
- un porte-bobine
- un noueur de nœuds

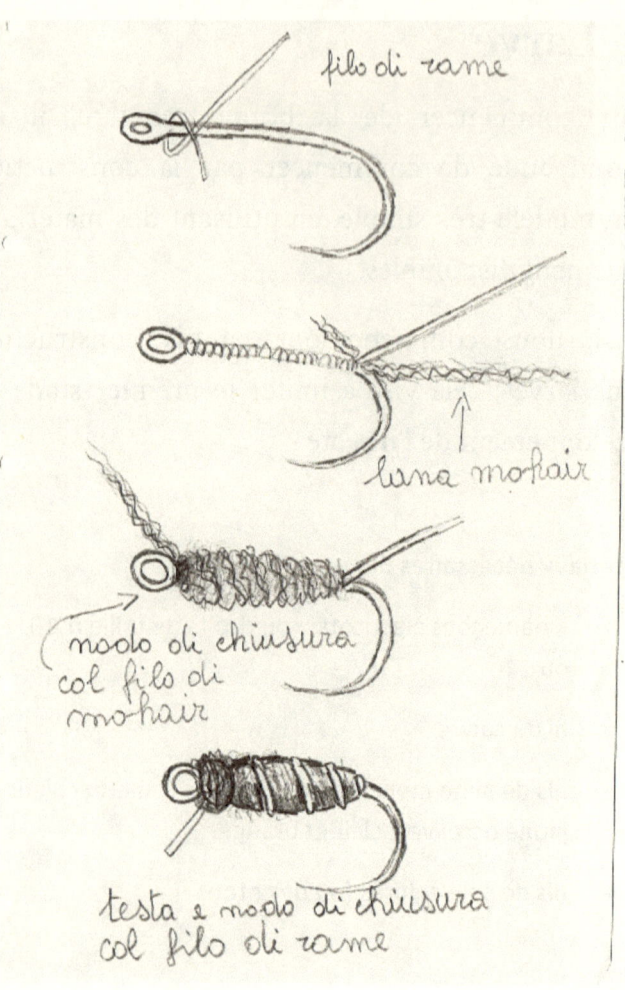

Fig 36 : *Fil de cuivre ; laine mohair ; mode de fermeture avec le fil de cuivre ; tête et mode de fermeture avec le fil de cuivre.*

Pour commencer, enserrez solidement votre hameçon dans l'étau, puis prenez un fil de cuivre que vous enroulerez autour de la hampe de l'hameçon, depuis la tête jusqu'à la courbure. Ensuite, fixez un brin de laine mohair à l'extrémité du fil de cuivre. Si vous ne disposez pas de mohair, tout autre type de laine conviendra également.

Maintenant, prenons le fil de laine et commençons à l'enrouler depuis l'extrémité opposée jusqu'à atteindre l'anneau de l'hameçon, en donnant une conicité plus prononcée près de ce qui sera la tête (en augmentant le nombre de tours).

Toujours avec le fil de laine, exécutons le nœud de fermeture en coupant l'excédent. Pour réaliser ces nœuds, vous pouvez utiliser un « noueur de nœuds ». Si vous avez des doutes sur sa réalisation, vous pouvez parfaitement consulter mes vidéos sur YouTube sur la fabrication des mouches et vous trouverez également une dédiée à la larve.

Prenez le fil de cuivre et remontez vers l'anneau de l'hameçon en larges spires, cela servira à faire le cerclage. Une fois arrivés à l'anneau de l'hameçon, nous devons construire une tête robuste avec plusieurs tours de fil de cuivre, en fermant avec trois nœuds de fermeture.

Notre larve est prête. En ajustant la quantité de fil de cuivre, nous fabriquerons des larves plus ou moins lourdes, pour les faire voyager près du fond ou à mi-eau. Ce modèle simple peut être parfaitement utilisé pour la pêche à la mouche noyée ou à la nymphe.

Le Spyder

Les spyders sont des mouches noyées très faciles à construire, qui continuent aujourd'hui à nous surprendre par leur simplicité de fabrication et leur efficacité dans la capture du poisson. Ce sont vraiment des mouches submergées redoutablement efficaces.

Matériaux nécessaire :

- fil de montage en coton ou en soie noire
- fil de laine noire

- fil synthétique argenté
- plume de bécasse
- hameçon à asticot n°14

Outils recommandés :

- un étau
- un porte-bobine
- un noueur de nœuds

Pour débuter, attachez notre hameçon grub de taille 14 sur l'étau. Commencez la construction en partant de la tête de l'hameçon, en fixant le fil de montage de couleur noire

Utilisez du fil de coton ou de soie pour cette étape. Enroulez le fil jusqu'à la courbure de l'hameçon et attachez un brin de laine noire ainsi qu'un brin synthétique argenté pour le cerclage.

Remontez ensuite avec le fil de montage vers la tête de l'hameçon, où vous fixerez une plume de bécasse. Cette plume, idéale pour son absorption d'eau, peut être remplacée par d'autres plumes similaires.

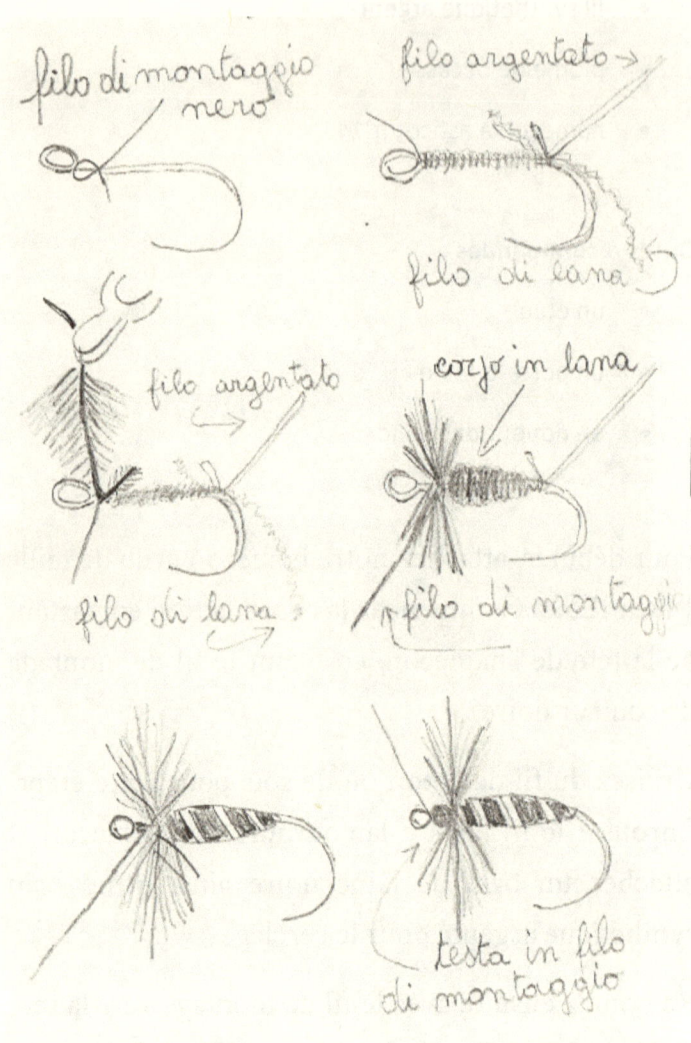

Fig 37 : *Fil de montage noir ; fil argenté ; fil de laine ; corpe en laine ; fil de montage ; tête en fil de montage.*

Enroulez la plume avec la pince à hackles jusqu'où cela est possible, en la fixant avec quelques tours de fil de montage. Coupez ensuite l'excédent de la plume. Enroulez ensuite le fil de laine en spirales serrées en remontant jusqu'aux hackles pour donner une certaine conicité au corps. Attachez le fil de laine avec le fil de montage et coupez l'excédent.

Enfin, prenez le fil argenté et remontez en larges spires jusqu'aux hackles. Bloquez-le avec le fil de montage et coupez l'excédent.

Avec le fil de montage, nous devons maintenant passer les hackles et entre celles-ci et l'anneau de l'hameçon, construire la tête en faisant plusieurs tours avec le fil de montage. Ensuite, finalisez le tout avec trois ou quatre nœuds de fermeture.

En changeant la couleur de la laine, vous pouvez construire des spyders jaunes, oranges, rouges, verts clairs ou marrons. Lorsque vous êtes en pêche, il est très utile d'avoir des spyders de différentes couleurs. Il peut arriver que le poisson préfère une couleur différente de celle que vous utilisez. N'hésitez pas à changer, cela peut influencer le résultat de votre partie de pêche.

La Mouche Kebari

Après avoir exploré la construction de mouches pour la pêche à la nymphe et à la mouche submergée, il est temps de construire ensemble quelque chose pour la pêche à la mouche sèche. Pour cela, je voudrais vous présenter un modèle vraiment ingénieux : la mouche Kebari utilisée dans la technique de pêche à la mouche japonaise appelée tenkara.

La mouche Kebari nous surprend par sa simplicité et son pouvoir de capture élevé. Dans mes sessions de pêche, j'ai pu l'utiliser aussi bien comme mouche sèche que comme mouche noyée, et je vous donnerai des conseils à ce sujet plus tard.

La caractéristique distinctive de la mouche Kebari réside dans ses hackles tournées vers l'avant. En maintenant la mouche sous tension et en lui donnant de légers mouvements avec le poignet, les plumes se plient légèrement avant de revenir à leur position initiale. Cette action crée l'illusion d'un insecte nageant dans l'eau, générant des vibrations qui attirent immédiatement l'attention des poissons de la zone, les incitant à mordre.

L'histoire de la mouche Kebari trouve ses racines dans la pêche traditionnelle japonaise. Les anciens Japonais construisaient cette mouche en utilisant des matériaux simples et facilement disponibles dans leurs villages, tels que des plumes de poulet et des fils végétaux. Malgré la modestie des matériaux et la simplicité de la construction, ces mouches se sont révélées incroyablement attrayantes.

Moi-même, ayant été fasciné par l'histoire de la pêche à la tenkara, j'ai voulu construire ces mouches kebari avec la même simplicité, et je peux vous garantir qu'elles sont redoutables.

J'ai commencé à m'intéresser à la construction de mouches artificielles dans les années 80, lorsque j'ai commencé à pratiquer la pêche à la mouche. J'aimais consacrer mon temps à la fabrication de différents types de mouches, y compris les plus complexes, surtout pendant les froides journées d'hiver.

Également à cette période, pour perfectionner mes compétences, j'ai acheté des livres sur la construction de mouches artificielles, et je dois admettre que ces ouvrages m'ont été d'une grande aide. Ils m'ont appris de nombreux aspects de la conception des mouches et ont considérablement enrichi mes connaissances.

Au fil des ans et avec l'avancée en âge, j'ai ressenti le besoin de simplifier de nombreux aspects de la pêche, y compris la création de mouches artificielles. C'est dans ce contexte que j'ai fait une découverte presque magique : la kebari. Depuis ce moment-là, j'ai principalement continué à construire des mouches kebari, apportant seulement de légères modifications dans les couleurs et les plumes. Et maintenant, je veux partager avec vous sa construction simple mais efficace.

Matériaux nécessaires :

- Hameçon de 10 ou 12
- Fils de soie ou de coton de différentes couleurs
- Plume de coq, de poule ou de faisan

Outils recommandés :

- un étau
- un porte-bobine

- un noueur de nœuds

Commençons par enserrer notre hameçon de taille 10 ou 12 dans l'étau. Utilisons un fil de soie ou de coton coloré ordinaire et commençons à l'enrouler près de l'œillet de l'hameçon pour créer une tête robuste. Les couleurs que je recommande sont les plus courantes : rouge, jaune, vert clair, orange, marron et bleu.

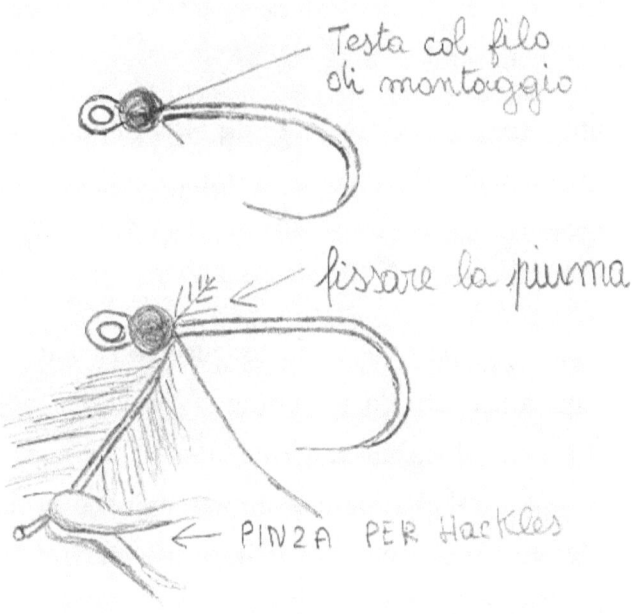

***Fig 38** : Tête avec le fil de montage ; fixer la plume ; pince pour hackles.*

Passons maintenant à l'application des plumes. Je recommande les plumes de coq car elles sont les plus flottantes, mais vous pouvez également opter pour celles de poule ou de faisan. Ensuite, prenons une plume de coq et fixons-la en utilisant le fil de montage avec plusieurs tours autour de la tête de l'hameçon. À l'aide de pinces pour hackles, enroulons la plume autour de la tête de l'hameçon autant que possible.

Ensuite, fixons l'extrémité de la plume avec plusieurs tours de fil de montage et coupons l'excédent.

Avec le montage, nous descendons vers la courbure de l'hameçon puis remontons jusqu'aux hackles, formant ainsi un corps conique. Ensuite, nous enroulons le fil de montage au-dessus des hackles jusqu'à ce qu'elles soient complètement tournées vers l'avant, puis nous fixons le tout avec trois ou quatre nœuds de fermeture.

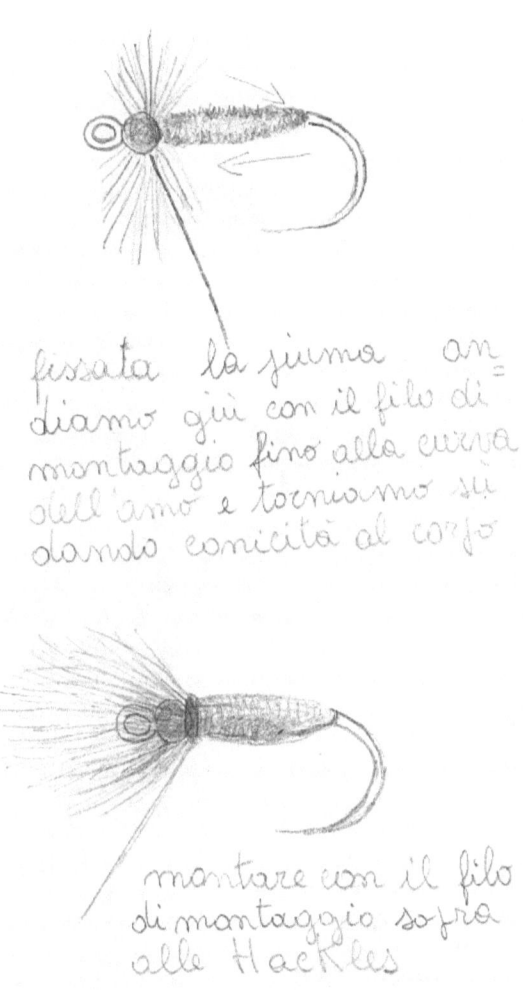

Fig 39 : *Une fois la plume fixée, continuons en enroulant le fil de montage jusqu'à la courbure de l'hameçon, puis remontons pour donner une forme conique au corps ; monter avec le fil de montage au-dessus des hackles.*

Notre kebari est déjà construite ! C'est tout ? Vous demanderez-vous. Bien sûr ! Avez-vous vu la simplicité de sa réalisation ? Mais il y a beaucoup plus derrière cette création simple car la beauté de la kebari réside dans sa simplicité essentielle, qui offre d'innombrables possibilités de personnalisation.

La magie commence lorsque vous commencez à explorer les variations de couleur du fil de soie. En changeant la couleur, vous pouvez créer des mouches qui semblent être des modèles complètement différents. Cela vous permet d'adapter votre kebari aux conditions spécifiques et aux préférences des poissons que vous souhaitez attraper.

En outre, vous pouvez expérimenter l'utilisation d'hameçons de différentes tailles, comme les plus petits par exemple. Cela vous permettra de construire des mouches de taille réduite, idéales lorsque les poissons sont particulièrement méfiants.

Voici enfin une autre démonstration de sa polyvalence. Vous vous souvenez que je vous avais dit que j'utilisais la kebari à la fois pour la pêche à la mouche sèche et celle noyée ?

Bon, pour l'utiliser comme mouche sèche, il est conseillé d'utiliser une plume plus longue pour l'enrouler avec plusieurs tours autour de l'hameçon, améliorant ainsi sa flottabilité.

D'autre part, si vous voulez l'utiliser comme mouche noyée, il suffit d'utiliser une plume plus petite et de faire moins de tours autour de l'hameçon. De cette manière, la mouche aura moins de hackle et sera plus apte à glisser sous la surface de l'eau, suivant le flux du courant.

Comme vous pouvez le voir, la polyvalence de la kebari offre une large gamme d'options pour répondre à vos besoins de pêche.

Conclusion sur la fabrication artisanale de mouches

En ce qui concerne la construction de mouches artificielles, je m'arrête ici. J'ai voulu vous présenter quelques modèles faciles à réaliser.

Ces modèles sont accessibles à tous. Si vous ressentez le besoin de construire des modèles plus complexes, imitant les différentes familles d'insectes, je vous conseille d'acheter des livres dédiés à la conception de toutes les typologies d'insectes aquatiques et terrestres.

Je tiens à vous avertir d'une chose : ce livre vous créera une dépendance. Vous ne cesserez plus jamais de vouloir construire de nouveaux modèles de mouches artificielles. Il vous fascinera tellement que vous voudrez créer l'insecte identique à celui que vous verrez voler à proximité de votre spot de pêche à ce moment-là. Vous apprendrez à reconnaître les différentes familles d'éphéméroptères, de trichoptères et de plécoptères, ainsi que les insectes terrestres qui tombent accidentellement dans l'eau. Ces insectes sont compris dans ces deux ordres : les diptères et les hyménoptères.

Reconnaître toutes ces différentes familles d'insectes est extrêmement important pour un pêcheur à la mouche. S'il souhaite pêcher avec des mouches d'imitation, il est logique d'observer celles qui volent ou tombent dans l'eau à ce moment-là. Le pêcheur à la mouche n'a qu'à prendre un modèle similaire dans sa boîte à mouches et le présenter de manière très naturelle au poisson avec une pose légère et délicate dans l'eau.

Notre ami à nageoires la prendra pour un insecte réel et mordra sans se rendre compte de la supercherie.

Le discours sera bien différent si nous pêchons avec des mouches de fantaisie. Dans ce cas, notre kebari sera parfaitement adaptée. Avec ses plumes inclinées vers l'avant, elle libérera des vibrations avec de légers mouvements de notre poignet, mimant ainsi un insecte nageant et incitant le poisson à attaquer. J'espère que les modestes croquis des créations artisanales et les mots que j'ai écrits vous auront été utiles. Si quelque chose n'est pas clair, vous pouvez toujours consulter les images de mes vidéos. Elles illustreront tout ce que j'ai écrit dans ce manuel de pêche.

Conclusion

Chers amis lecteurs et pêcheurs, à ce stade, je m'arrête ici. Je tiens à vous remercier tous de m'avoir permis de partager cette merveilleuse expérience de la belle passion que nous partageons : la pêche.

Avec ce livre, je veux vous faire comprendre à quel point l'observation attentive des eaux a été importante pour moi.

Tout cela m'a permis de comprendre beaucoup de choses sur les habitudes des poissons. J'ai compris où je pouvais les trouver à chaque saison et aussi de quoi ils se nourrissaient.

Cela a facilité ma pêche aussi bien en eau douce qu'en eau salée, même en utilisant différentes techniques de pêche.

J'ai conçu ce livre sur la pêche en bricolant avec un objectif clair : démontrer que pour pêcher avec succès, il n'est pas nécessaire de posséder un équipement de marque coûteux. En réalité, nous pouvons profiter de la pêche de la même manière, voire plus, avec un équipement simple et, dans de nombreux cas, fait maison.

Jetons un coup d'œil aux vérités fondamentales : le poisson s'intéresse uniquement à l'appât. C'est l'appât, et seulement l'appât, qui attire son attention et le pousse à mordre. Le poisson se moque que nous utilisions une canne coûteuse ou une fabriquée par nos soins. Cet aspect concerne seulement nous, les pêcheurs, dont la passion pour l'équipement peut souvent prendre le dessus.

Je souhaite sincèrement que vous ayez trouvé satisfaisant et amusant le processus de construction de votre équipement. Fabriquer vos propres cannes, flotteurs et leurres artificiels ajoute un élément de créativité et de satisfaction personnelle à l'art de la pêche. C'est une démonstration de la gratification qu'il y a à apprendre à faire par soi-même et à mettre en pratique ses compétences manuelles.

Enfin, je tiens à exprimer ma sincère gratitude à vous tous, lecteurs.

Merci d'avoir choisi d'explorer le monde de la pêche "fait maison » à travers ce livre.

J'espère que le contenu vous a plu et que vous l'avez trouvé informatif et utile.

Je vous souhaite à tous de passer des journées agréables et enrichissantes lors de vos aventures de pêche, en vous rappelant toujours que la vraie essence de la pêche réside dans l'amour de la nature et la joie de capturer du poisson, peu importe l'équipement que vous utilisez.

Affectueusement vôtre, Lelio !

LA PÊCHE SIMPLE AU PAIN

Le Secret?
L'Expérience!

Lelio Zeloni

TENKARA ET BAMBOU

Le Pêcheur et le Tenkara

-

L'Art de la Pêche
avec l'Ancienne Technique Japonaise
de Pêche à la Mouche

Lelio Zeloni

www.ingramcontent.com/pod-product-compliance
Lightning Source LLC
Chambersburg PA
CBHW060601080526
44585CB00013B/651